I0104499

TRAITÉ

DE LA NARRATION.

TRAITÉ

DE LA NARRATION,

SUIVI DES RÈGLES DE L'ANALYSE ORATOIRE AVEC DES
MODÈLES D'EXERCICES, ET AUGMENTÉ D'UN
ABRÉGÉ DES TROPES;

Par P. F. DE CALONNE,

PROFESSEUR AU COLLÉGE HENRI IV, CHEVALIER DE LA LÉGION D'HONNEUR.

QUATRIÈME ÉDITION
REVUE ET AUGMENTÉE.

PARIS.

IMPRIMERIE ET LIBRAIRIE CLASSIQUES
De JULES DELALAIN,

IMPRIMEUR DE L'UNIVERSITÉ ROYALE DE FRANCE,
RUE DES MATHURINS SAINT-JACQUES, 5.

M DCCC XLVI.

1846

Tout contrefacteur ou débitant de contrefaçons de cet Ouvrage sera poursuivi conformément aux lois.

Tous les Exemplaires sont revêtus de ma griffe.

Jules Delaulne

PRÉFACE

Bien que l'exercice de la narration ait été supprimé dans la classe de seconde depuis quinze ans, ce Traité a été réimprimé trois fois. On en a donc reconnu l'utilité ailleurs que dans les colléges ; aussi ai-je dû, dans cette quatrième édition, l'approprier davantage aux besoins des élèves qui l'adoptent pour se former à la composition. Comme il est assez généralement suivi dans les institutions des deux sexes, j'ai cru nécessaire d'y ajouter pour les pensions de demoiselles, à l'appui des préceptes, des exemples français que j'ai toujours fait précéder les exemples latins. J'ai traduit aussi en français toutes les citations latines dont jusqu'ici je n'avais donné que le texte.

J'ai publié aussi, comme complément de mon Traité, un recueil de Narrations françaises * extraites de nos meilleurs auteurs, et précédées de sommaires. Ce sont autant de modèles dont les sommaires, indiquant les principales idées développées dans chacune de ces narrations, peuvent servir de matière aux élèves. C'est après avoir appris les préceptes contenus dans le Traité de Narration, et s'être exercés à l'analyse, qu'ils seront aptes à composer eux-mêmes ; ils auront alors

* Cet ouvrage se trouve chez *J. Delalain.*

rempli les conditions prescrites par l'auteur des Eléments de littérature.

« Je distinguerai, dit-il, trois temps pour les disciples de la rhétorique : le premier, où l'on ne fera guère que former leur entendement et leur remplir l'esprit de ces idées élémentaires que je regarde comme les sources qui grossiront un jour le grand fleuve de l'éloquence ; le second, où l'on commencera à exercer leur talent par de légères tentatives ; le troisième enfin, où, dans l'art oratoire, on leur fera concevoir le plan d'un édifice dont les parties se correspondent et réunissent dans leur ensemble la grandeur, l'élégance et la solidité. »

Les deux premiers temps indiqués par Marmontel me paraissent être surtout du ressort de la seconde ; car les élèves, en arrivant en rhétorique, sont supposés connaître les règles de la composition et les avoir déjà appliquées : la preuve en est que, dès leur début dans cette classe, on leur donne à traiter des matières de discours, tout ignorants qu'ils sont des préceptes de l'art d'écrire. Qu'il me soit donc permis de regretter la suppression de la narration en seconde, qui doit être comme une préparation, une transition à la rhétorique.

Lorsque je rédigeai ce manuel, les élèves n'avaient entre les mains aucun ouvrage qui leur donnât les préceptes du genre de composition dans lequel ils devaient s'exercer. Les Traités de rhétorique, même les plus complets, étaient insuffisants ; ils ne s'appliquaient pas spécialement à la narration. Les rhéteurs modernes, adoptant la définitions des anciens, ne considéraient la narration que comme le simple exposé du fait ou de la cause dans le plaidoyer, et la plaçaient ou dans l'exorde du discours ou immédiatement après. Il fallait donc indiquer aux élèves des règles pour les diriger dans un travail tout nouveau pour eux. Les narrations qu'on leur donnait à composer devaient former un tout complet, et réunir par conséquent au plan et à l'ordonnance de l'ouvrage, toutes les qualités du style. C'était une amplification propre à développer leur imagination, et à les former à l'art d'écrire. Juvénal nous apprend qu'on exerçait la jeunesse romaine sur toute sorte de sujets dont le grandiose historique fournissait à l'écolier de brillants lieux communs, souvent réprouvés il est vrai par le goût, mais toujours susceptibles de développements magnifiques, et où la palme restait à celui qui avait répandu une plus grande surabondance de sève. Le passage des Alpes, les succès et les revers d'Annibal, la chute de Persée, la fin tragique de Sophonisbe, tel était le texte ordinaire sur lequel tous ces rhéteurs en herbe brodaient d'interminables phrases et des périodes d'une effrayante dimension.

Je suis loin de blâmer, dans ceux qui commencent à écrire, cette superfluité de pensées et de mots qu'il est facile de réduire, à mesure que l'esprit acquiert de la maturité. Commençons par éveiller l'imagination de l'élève, par lui faire aimer le travail; il sera toujours temps de réformer ce qui est contraire au goût et à la raison : mais si, dès son début, nous lui imposons des entraves, si nous réprimons l'essor de sa pensée, nous avons à craindre qu'il ne contracte une timidité, une défiance de lui-même qui plus tard pourront se faire sentir dans toutes ses productions. Toutefois il faut l'accoutumer de bonne heure au joug des règles ; d'ailleurs elles l'aideront dans son travail, et lui ouvriront des sources d'idées auxquelles il ne songeait pas, en même temps qu'elles habitueront son esprit à ne pas marcher au hasard.

Pour compléter la théorie du style dont nous nous proposons surtout d'apprendre le mécanisme aux élèves, par l'exercice de la composition, nous avons terminé ce manuel par un abrégé des Tropes de Du Marsais, ayant eu soin de choisir parmi les nombreux exemples que ce savant rhéteur cite à l'appui de ses préceptes. Son livre, étant, comme il le dit lui-même, destiné aux maîtres, m'a paru devoir être réduit pour les élèves auxquels *les longs ouvrages font peur.* Lorsqu'ils connaîtront les figures de rhétorique, les professeurs trouveront, soit dans le Traité complet des tropes, soit dans l'explication des auteurs, de nombreux exemples.

Puisse cet ouvrage, composé dans l'intérêt de la jeunesse, obtenir l'approbation des maîtres chargés de la diriger dans ses études.

TRAITÉ
DE LA NARRATION.

INTRODUCTION.

La rhétorique, chez les anciens, comprenait les préceptes de l'art de parler et d'écrire, bien que l'étymologie du mot parût la réduire à l'art oratoire.

Son but principal, dans nos écoles, est d'enseigner les règles de la composition. C'est une théorie qu'il s'agit d'appliquer, par la pratique et l'exercice, à l'art d'écrire. Une fois que vous le posséderez, vous aurez bientôt acquis celui de parler. Ces deux facultés ne diffèrent entre elles que par leurs procédés purement matériels, si je puis m'exprimer ainsi. En effet, le débit, le geste et l'action sont les seules nuances qui distinguent l'orateur de l'écrivain; mais l'un et l'autre prendront pour guides les mêmes préceptes. Les mêmes règles doivent donc diriger la composition, qu'elle soit écrite ou improvisée.

Or, ce sont ces règles qu'il importe d'apprendre avant tout. Fixées par les meilleurs modèles, l'essentiel sera moins de les connaître de nom, que d'en saisir l'esprit et la propriété, que de s'attacher à en pénétrer les principes et à en déduire les conséquences, pour les appliquer ensuite à la composition. Sans cette étude préparatoire, la théorie serait vaine et stérile.

Ne sortons point de notre sujet. La *narration parlée* suivra les mêmes procédés que la *narration écrite*. Seulement le récit écrit exige plus de soins que le récit oral. Ces répétitions de mots, ces phrases et ces tournures *communes, familières, triviales* même, que l'on tolère chez l'improvisateur, doivent être interdites à l'écrivain ; mais les faits et les pensées, c'est-à-dire le fond, resteront toujours les mêmes.

Rien ne contribuerait plus à faciliter ce travail aux élèves, que s'ils commençaient par se faire ce simple raisonnement : « Chaque jour et à toute heure, dans la conversation, il nous arrive de narrer de vive voix : la marche que nous suivons alors est une et toute naturelle : eh bien ! pourquoi procéderions-nous autrement lorsqu'il s'agit de composer et d'écrire ? Observons seulement avec plus de rigueur l'ordre et l'enchaînement des idées ; amplifions et développons ; travaillons plus soigneusement notre style, et nous ne tarderons pas à résoudre sans peine le problème de la *narration écrite*. »

Tous les arts ont leur type dans la nature, l'art d'écrire surtout. C'est donc en adoptant cette méthode sûre et invariable, c'est en suivant la marche naturelle de l'intelligence humaine, que nous nous proposons de donner les règles de la *narration*.

Pour les bien connaître, il faut se livrer à un exercice préliminaire, celui de l'*analyse*. Ce traité sera donc divisé en trois parties. La première comprendra les règles de l'art d'écrire appliquées à la *narration;* la seconde, les règles de l'*analyse*, suivies de quelques modèles d'exercices, tels que ceux donnés par Rollin et Le Batteux ; et la troisième, un abrégé des *tropes* dont la connaissance est indispensable pour la Composition.

PREMIÈRE PARTIE.

CHAPITRE PREMIER.

DE LA NARRATION.

La *narration* est l'exposition d'un fait vrai ou supposé vrai[1]. Il y a deux manières de faire connaître une action ; l'une *simple*, quand on raconte les faits, l'autre *composée*, lorsqu'on met en scène des personnages, qu'on ajoute au récit des réflexions, des tableaux et des caractères, et que l'on prête à ses acteurs des harangues vraies ou vraisemblables.

Nous trouvons cette différence entre les Commentaires de César et les Annales de Tacite ; le premier ouvrage est pour ainsi dire le journal d'un grand et éloquent capitaine ; le second a traité l'histoire de son pays, en orateur, en philosophe et en politique.

C'est cette seconde manière d'envisager l'histoire, qui sert de modèle dans les colléges

---

1. Aphthonius la définit, d'après les rhéteurs grecs, διήγημα *sive* ἔκθεσις πράγματος γεγονότος ἢ ὡς γεγονότος, c'est-à-dire l'exposition d'une chose faite ou soi-disant faite.

à l'élève qui compose une narration : il doit écrire autrement que l'annaliste. Plein de son sujet, les détails ne lui coûteront rien ; il faut que les faits occupent en même temps sa mémoire et son jugement ; qu'une imagination sage et fleurie en fasse le récit, en déduise les causes, présente les réflexions avec clarté et simplicité, quelquefois avec feu, mais toujours avec goût, avec élégance ; alors la composition deviendra vraiment dramatique.

On pourrait, je crois, appliquer plus convenablement à la narration qui nous occupe, ce qu'on a dit de l'histoire : on l'a comparée à une galerie meublée d'une étoffe simple et bien assortie, et parsemée d'ornements magnifiques, de tableaux, de statues, de vases précieux qui contrastent entre eux pour mieux faire ressortir leur beauté.

ARTICLE I.

Des différentes sortes de narrations.

Le Batteux a distingué deux sortes de narrations que nous appellerons, d'après ce que nous venons de dire, *narration historique* et *narration poétique*. « Le récit, dit-il, est un exposé exact et fidèle d'un événement, c'est-à-dire un exposé qui rend tout l'événement, et qui le rend comme il est : car, s'il le rend plus ou moins, il n'est point exact ; et, s'il le rend autrement, il n'est point fidèle.

« Tout récit est le portrait de l'événement qui en fait le sujet. Lebrun et Quinte Curce ont peint tous les deux les batailles d'Alexandre : celui-ci, avec des signes arbitraires et de convention, qui sont les mots ; l'autre, avec des signes naturels et d'imitation, qui sont les traits et les couleurs. S'ils ont suivi exactement la vérité, ce sont deux historiens ; s'ils ont mêlé du faux avec du vrai, ils sont poëtes, du moins en la partie feinte de l'ouvrage : car le caractère du poëte est de mêler le vrai avec le faux, avec cette attention seulement, que tout paraisse de même nature. »

ARTICLE II.

De la narration en usage dans les classes.

La *narration* à laquelle on exerce les jeunes gens au collège, tient également des deux espèces énoncées plus haut. Quel que soit le sujet, le devoir de celui qui raconte, pour remplir l'attente de celui qui l'écoute, étant d'instruire et de plaire, il devra ne négliger aucune circonstance intéressante, ni aucun ornement oratoire capable de rendre le récit agréable au lecteur.

ARTICLE III.

Quelles règles s'y rapportent.

La *narration* dont il est ici question, de quelque étendue qu'elle soit, doit former un tout complet ; nous y rapporterons toutes les règles de l'art d'écrire, parce qu'elle les comprend toutes ; ce n'est plus la narration que les rhéteurs regardent comme une des parties du discours et qu'ils placent après l'exorde ; c'est un ouvrage à part, dans lequel entre quelquefois le discours, soit direct, soit indirect, comme partie dépendante et non principale : elle réunit donc l'*invention*, la *disposition*, l'*élocution*.

Telles sont les trois opérations de l'élève en traitant un sujet qui lui est proposé. Examinons-les par ordre et séparément.

CHAPITRE II.

DE L'INVENTION.

L'*Invention* est cette faculté de l'esprit qui découvre, saisit, choisit, développe les pensées et les images convenables au sujet que l'on doit traiter ; elle consiste à composer un tout idéal, intéressant et nouveau d'un assemblage de choses connues, ou à donner à un tout pré-existant, une vie, une grâce, une beauté nou-velles. *Inventer* c'est combiner diversement nos perceptions, nos affections ; ce qui se passe au milieu de nous, autour de nous, en nous-mê-mes. Ce qu'il y a de plus difficile dans l'*inven-tion*, c'est le choix : la nature est présente à tous les hommes, et presque la même à tous les yeux : voir n'est rien, discerner est tout, et l'avantage de l'homme supérieur sur l'homme ordinaire est de mieux saisir ce qui lui convient.

Le sujet une fois indiqué, il s'agit de le dé-velopper ; il le sera avec plus ou moins de fé-condité selon le caractère des esprits auxquels on s'adressera. Tout paraît stérile à des esprits lents et paresseux ; mais, pour des esprits vifs et appliqués, l'idée première, qu'on peut appeler *mère*, puisque toutes les autres doivent en découler, deviendra une mine riche et féconde, qu'ils creuseront profondément pour en tirer les trésors qu'elle renferme.

Cependant, comme le feu de l'imagination, et l'inexpérience inséparable de la jeunesse, l'empêchent le plus souvent, au milieu de toutes ces pensées qui s'offrent en foule à son esprit, de saisir les seules convenables au développement du sujet, il est nécessaire de guider par des règles de convention l'élève, qui presque toujours marche sans ordre et sans goût. Nous indiquerons donc, dans l'*invention*, quatre qualités : la *vérité* et la *vraisemblance*, l'*utilité* et la *dépendance*.

ARTICLE I.

De la vérité.

Si le fait est vrai, l'auteur n'a pas deux partis à prendre ; il faut qu'il suive l'histoire, c'est-à-dire qu'il n'admette aucune circonstance qui ne soit, dans le fond au moins, conforme à ce qu'ont rapporté les historiens. Leur déposition étant, à cet égard, la règle de notre croyance, ce qui peut être contraire à cette déposition ne saurait être admis. Ainsi, la *vérité* sera l'âme du récit historique. Elle s'appliquera non-seulement aux faits, mais encore aux pensées, je veux dire aux discours qu'on pourrait introduire dans la narration, quand ces discours existeront : ce qui, toutefois, n'obli-

* 1

gera pas toujours de les rapporter, comme nous le verrons plus tard. Si les caractères et les faits sont connus, on ne peut se permettre de les modifier, qu'autant que cette modification n'est pas sensible : on peut bien ajouter aux vertus et aux vices quelques coups de pinceau plus hardis et plus forts ; on peut les adoucir, les déguiser, effacer quelques traits ; mais on ne saurait altérer le fond de la vérité, en changeant les événements et dénaturant les hommes : ce n'est qu'à la faveur de l'obscurité ou du silence de l'histoire, que l'imagination, n'étant plus gênée par la notoriété des faits, peut les exposer à son gré ; car alors la vérité muette laisse carrière à l'illusion.

ARTICLE II.

De la vraisemblance.

Une règle non moins importante à observer, en traitant un sujet quelconque, c'est celle de la *vraisemblance*. En effet, on ne saurait être touché de ce qu'on ne croit pas.

Aut famam sequere, aut sibi convenientia finge.

« Suivez la tradition, où imaginez des choses qui se conviennent. »

Le *vraisemblable* est la représentation du vrai ; il varie avec la nature et les circonstances qui l'offrent souvent sous des faces différentes :

cette image est quelquefois sans réalité, quelquefois aussi la réalité est dépouillée de cette
image : c'est dans ce sens que Boileau a dit :

Le vrai peut quelquefois n'être pas vraisemblable.

C'est d'après ce principe que l'on prend pour
vraies ou vraisemblables des choses qui ne le
sont pas, parce qu'on se laisse tromper par les
apparences ou entraîner par l'autorité.

Dans la narration, la *vraisemblance* est la
possibilité d'un fait selon les circonstances où
il est placé ; ce qui est impossible en ces circonstances ne saurait paraître vraisemblable :
on entend ici par impossible non ce qui est au-
dessus des forces humaines, mais ce qui n'a pu
arriver en se prêtant à toutes les suppositions
raisonnables.

Le *vraisemblable* produit dans la littérature
des beautés qui flattent autant l'esprit, que les
ordres de l'ancienne architecture bien exécu-
tés sont agréables aux yeux. Tout ce qui s'é-
loigne du *vraisemblable* peut bien joindre à la
rapidité des idées la vivacité des images, la
richesse de l'expression, l'énergie du sentiment;
mais toutes ces beautés ne plaisent jamais qu'à
des esprits qui préfèrent le brillant au solide, le
merveilleux au sublime, et le bizarre au rai-
sonnable.

La *vraisemblance* dans les récits historiques,
regarde moins les faits que les pensées et les

sentiments. Ainsi, les réflexions que tirera des faits celui qui les raconte, devront être vraisemblables, c'est-à-dire qu'il faudra que ceux qui les liront puissent dire : j'aurais pensé de même. Si le narrateur n'exposait le fait que sèchement, il n'intéresserait pas ; mais si, d'après un caractère connu, il prête à tel ou tel personnage les idées, les sentiments, le langage qui lui sont propres, son récit nous plaît et nous charme. Tite-Live possède cet avantage. Ses narrations abondent en réflexions de cette sorte. Il nous donne des modèles de la *vraisemblance* dans les récits historiques, lorsqu'il les sème de discours, soit directs, soit indirects.

Outre les beautés particulières qui peuvent résulter de l'introduction des discours dans la narration, ils y produisent, ce me semble, des effets très-heureux ; en même temps qu'ils mettent de la variété dans le récit, ils le rendent plus animé, plus intéressant, plus dramatique, et en font une véritable scène où nous entendons parler, où nous voyons agir chaque personnage.

A n'examiner le discours que sous le rapport de la *vraisemblance*, il faut qu'il puisse avoir été tenu dans le sens et pour l'objet auquel l'applique l'historien; qu'il soit de plus conforme au caractère de celui qui a dû le prononcer, aux circonstances qui l'ont fait naître, et à l'esprit du siècle dans lequel a vécu le personnage. Tels sont, dans Mézerai, le discours d'Henri IV à l'assemblée des notables, et, dans Salluste, les discours de Marius contre la noblesse, et de César en faveur des complices de Catilina.

Dans un récit dont le fond est supposé, les bornes de la *vraisemblance* sont moins étroites pour l'écrivain. On n'a rien à lui reprocher si les circonstances du fait qu'il rapporte, ou plutôt qu'il imagine, sont telles qu'elles aient pu arriver raisonnablement. Nous réglons alors notre croyance sur la possibilité. On conçoit qu'il est très-difficile de fixer les limites de cette *vraisemblance* : les seuls guides à cet égard sont le goût et l'expérience. Ces règles de la *vraisemblance*, appliquées aux faits, s'appliqueront également aux réflexions et aux discours.

ARTICLE III.

De l'utilité.

Le champ de l'histoire est très-vaste ; il ne suffit pas qu'une circonstance soit vraie pour la rapporter ; il faut examiner si elle est *utile*, c'est-à-dire, si elle contribue à l'intérêt et à l'agrément des lecteurs. Pour atteindre ce but, l'écrivain se placera dans le vrai point de vue de son ouvrage, et examinera les proportions de chaque objet dans son tableau, selon les lois de la perspective. S'il encadre avec adresse tous les événements, qu'il mette sous les yeux des tableaux intéressants et les plus propres à piquer la curiosité, s'il rejette les détails minutieux et qu'il sache établir une distinction entre les rumeurs incertaines et les faits avérés ; alors il aura rempli la condition de l'*utilité*.

J'applaudis à l'esprit philosophique qui guide le narrateur; mais que cet esprit ne l'obsède pas au point de faire de sa narration un discours moral, en entassant une foule de maximes qui la rendraient froide et languissante. Il y a telle circonstance qu'il faut développer, telle autre qu'il faut se contenter d'esquisser légèrement. Une description, un parallèle, utiles dans tel endroit, ne le seront pas dans tel autre.

Ainsi Fénélon, dans son Télémaque, dit de Bocchoris, roi d'Egypte qui combat contre ses sujets révoltés : « Ce jeune roi, bien fait, vigou-« reux, d'une mine haute et fière, avait dans ses « yeux la fureur et le désespoir : il était comme « un beau cheval qui n'a pas de bouche ; son « courage le poussait au hasard, et la sagesse « ne modérait point sa valeur. »

Tite Live compare les Horaces et les Curiaces à deux grandes armées, dont ils portent les sentiments.

Ces deux comparaisons sont *utiles*, parce qu'elles rentrent dans le sujet.

Par la première, Fénelon nous peint l'inexpérience et l'orgueil d'un prince dont on a toujours flatté les passions et qui devient victime de sa folle conduite.

Dans la seconde les six combattants ne représentent-ils pas en effet deux grands peuples? ne sont-ils pas chargés de défendre les intérêts publics? Ici Tite Live se montre surtout éloquent : d'un trait historique il fait une image oratoire.

Ce précepte de l'*utilité* s'applique encore aux discours et aux réflexions.

Ainsi, dans le même récit, Fénelon fait dire à Télémaque : « Je me souviendrai toute ma « vie d'avoir vu cette tête qui nageait dans le « sang : ces yeux fermés et éteints : ce visage « pâle et défiguré, cette bouche entr'ouverte « qui semblait vouloir achever des paroles com- « mencées : cet air superbe et menaçant que la « mort même n'avait pu effacer. » Quel contraste !

Et Tite Live ajoute dans le cours de son récit : « Nec his nec illis periculum suum, pu- « blicum imperium servitiumque obversantur « animo, futuraque ea deinde patriæ fortuna, « quam ipsi fecissent. »

Cette réflexion justifie sa comparaison précédente, et en démontre toute la justesse.

ARTICLE IV.

De la dépendance.

La *dépendance* est la liaison et la succession des faits, la suite des idées et des sentiments, qui, pour être conformes à la nature, doivent avoir une marche régulière. Des incidents détachés l'un de l'autre, ou maladroitement liés, n'auraient aucune vraisemblance ; ils doivent naître successivement : c'est la continuité de la chaîne qui produit l'unité.

La *dépendance* consiste encore à ne pas remonter trop haut quand on doit raconter un fait historique, mais à mettre de suite le lecteur, comme dit Horace, au milieu du sujet ; à n'ajouter d'ornements que ceux qui s'y rattachent. Un défaut dans lequel tombent presque tous les commençants, c'est de faire de longues descriptions de batailles, de tempêtes, etc. ; enfin, d'abuser de tous les lieux communs, pour peu que le sujet leur en fournisse l'occasion ; c'est pécher contre la *dépendance*, si le récit ne comporte pas ces développements.

Supposons qu'ils aient à raconter la prise d'Albe ; loin d'imiter la précision de Tite Live qui, dès le début, montre les cavaliers romains s'emparant de toutes les issues de la ville, ils remonteraient peut-être à la fondation de cette cité, rivale de Rome, ne se faisant pas scrupule d'évoquer les mânes de Procas et de Numitor, qui furent les aïeux de Romulus.

CHAPITRE III.

DE LA DISPOSITION.

La *disposition* consiste à réunir et à combiner les idées fournies par l'*invention*, afin d'en former un ensemble régulier et méthodique.

Pour montrer l'importance de ce travail, nous citerons le mot de Ménandre : on lui demandait, à l'approche d'une fête où il devait donner une comédie nouvelle, si sa pièce serait finie à temps : *Elle est achevée*, répondit-il ; *je n'ai plus que les vers à faire.*

ARTICLE 1.

Préparation à la disposition.

« C'est faute de plan, dit Buffon, c'est pour n'avoir pas assez réfléchi sur son objet, qu'un homme d'esprit se trouve embarrassé et ne sait par où commencer à écrire ; il aperçoit à la fois un grand nombre d'idées ; et, comme il ne les a ni comparées ni subordonnées, rien ne le détermine à préférer les unes aux autres ; il demeure donc dans la perplexité. Mais, lorsqu'il se sera fait un plan, lorsqu'une fois il aura rassemblé et mis en ordre toutes les pensées essentielles à son sujet, il s'apercevra aisément de l'instant où il doit prendre la plume ; il sentira le point de maturité de la production de l'esprit, il sera pressé de la faire éclore, les idées se succéderont aisément, et le style sera naturel et facile. »

Avant de se mettre à écrire, il faut donc posséder pleinement son sujet ; y avoir assez réfléchi pour trouver l'ordre dans lequel on présentera ses pensées ; y mettre de la suite, et en former une chaîne continue.

ARTICLE II.

Ordre à suivre dans la disposition.

Si l'on nous demande des préceptes positifs sur l'ordre, la distribution et la méthode qu'il faut adopter, nous répondrons qu'il est bien difficile de donner à cet égard des règles invariables. Chacun doit consulter son jugement, que nous supposons sain ; considérer le sujet qu'il traite, la fin qu'il se propose, et disposer ensuite son travail dans l'ordre qui lui semblera le plus propre à atteindre son but. La marche doit en être naturelle : toutefois voici quelques réflexions que le bon sens suggère à cet égard, et qui pourront guider les élèves. Il faut, 1º avoir le commencement, le milieu et la fin de son ouvrage, pour être plus sûr de l'ensemble ; 2º le circonscrire, c'est-à-dire en bien marquer l'étendue et les limites ; 3º s'emparer de l'attention du lecteur ; la première impression étant souvent décisive : si l'on a le talent de piquer sa curiosité dès le début, il continuera volontiers une lecture qui lui promettra du plaisir ; 4° ménager la progression de l'intérêt ; pour y parvenir, on devra aller du connu à l'inconnu, du faible au fort, et réserver pour la fin ce qu'il y aura de plus frappant. En effet, il faut se souvenir que l'attention a besoin d'un aliment continuel, et que c'est un feu qui s'éteint, s'il ne s'augmente. Mais encore une fois, il est aisé de sentir que ces préceptes doivent se modifier à l'infini dans leur application aux sujets si divers que présente la narration.

ARTICLE III.

Des transitions.

Comme il est nécessaire de bien lier entre elles toutes les parties d'un ouvrage quelconque, il faudra, dans la narration, enchaîner les détails du fait principal et les idées qui servent à son développement, de manière à ce que le passage de l'une à l'autre ne soit ni brusque ni pénible, mais facile, et, pour ainsi dire, imperceptible. Cet art de préparer, d'amener ce qui doit suivre, de passer habilement d'une idée à une autre, est ce qu'on appelle *transition* : c'est un des points les plus délicats de l'art d'écrire. Pour connaître l'art des *transitions,* on fera bien d'analyser quelques narrations de nos grands maîtres : cet examen vaut mieux que tous les préceptes à cet égard.

CHAPITRE IV.

DE L'ÉLOCUTION.

L'*élocution*, en général, est l'expression de la pensée par la parole ; dans un sens particulier, l'*élocution* se prend pour cette partie de la rhétorique qui traite du style : elle est à l'éloquence ce que le coloris est à la peinture. L'imagination du peintre invente d'abord les principaux traits du tableau ; son jugement met ensuite chaque partie à sa place ; mais le coloris lui est nécessaire pour animer tout l'ouvrage, donner aux objets de l'éclat et rendre l'expression parfaite. De même, dans l'éloquence, le fond est dans les choses et les pensées, l'ordre et la distribution forment le dessin et les contours ; mais l'*élocution* achève l'ouvrage de l'invention et de la disposition, et donne à la narration l'âme, la vie, la grâce et la force.

ARTICLE I.

De l'importance de l'élocution dans la narration.

Telle est l'importance de l'*élocution*, qu'on pourrait dire que c'est elle qui constitue particulièrement l'*art d'écrire*. « Presque toutes les

choses qu'on dit frappent moins que la manière
dont on les dit, car les hommes ont à peu près
les mêmes idées de ce qui est à la portée de
tout le monde. L'expression, le style fait toute
la différence. » Les règles de cette dernière
partie de la rhétorique sont plus positives que
celles des deux autres. Les personnes qui ont
même le plus de sens et de goût ont besoin
d'être averties d'une infinité de petits détails
qui échappent aux yeux ordinaires, et d'où résulte cependant tout l'effet de l'éloquence, ainsi
nommée, non à cause de l'invention et de la
disposition qui en sont la base, mais à cause de
l'élocution qui semble seule agir plus que tout
le reste sur l'esprit de ceux qui lisent ou écou-
tent. C'est à l'*élocution* que la narration devra
son principal mérite. Quel serait, en effet, l'intérêt d'un récit réduit à sa plus simple expression? Prenons, par exemple, celui du combat
des Horaces et des Curiaces, si bien analysé
par Rollin. Croit-on que, sans les beaux développements de Tite Live, le lecteur puisse
prendre un aussi grand intérêt à ce combat
singulier? Tel est l'art de l'historien, que les
pensées et les images dont il a enrichi sa narration frappent si vivement l'esprit, qu'on croit,
non pas lire, mais voir l'action, y assister et
prendre part soi-même aux différents mouvements qui agitent les acteurs de cette scène.
C'est là le prestige de l'éloquence; mais, pour

reproduire à son tour ces effets dus au style,
il faut en connaître les qualités.

ARTICLE II.

Division des qualités du style.

Nous distinguons dans le style les qualités
générales et les qualités *particulières*. Les premières sont celles qui constituent son essence :
elles sont invariables ; les secondes varient suivant la différence des sujets.

CHAPITRE V.

DES QUALITÉS GÉNÉRALES DU STYLE.

Les *qualités générales du style* sont indispensables dans tout genre d'ouvrage ; l'étude de la langue et l'habitude d'écrire les donnent presque infailliblement ; ces qualités sont au nombre de six : la *correction*, la *clarté*, la *précision*, le *naturel*, la *noblesse*, et l'*harmonie*.

ARTICLE 1.

De la correction.

La *correction* consiste à s'exprimer purement. Pour écrire purement, il faut joindre à la connaissance de la grammaire la lecture des bons écrivains : faite avec soin et discernement, elle nous apprendra la propriété des expressions, et les tours de phrase que l'usage aura consacrés : de cette étude résultera la pureté, qu'il ne faut pas confondre avec le purisme, qui est l'affectation d'une pureté minutieuse dans le langage et par conséquent un défaut. La plupart des élèves se trompent sur la signification propre et naturelle des mots : pour la connaître, il faut recourir à l'étymologie : ainsi ils confondront *reus* et *nocens ; crimen, scelus, facinus ; tutus* et *securus.* Pour éviter de tomber dans l'erreur, ils doivent consulter avec

soin leurs dictionnaires, quand ils ne sont pas
sûrs de la véritable signification du mot qu'ils
veulent employer ; ils doivent aussi rejeter les
expressions inusitées, ou rarement employées,
comme *sperare dolorem* : Quintilien reproche à
Virgile cette alliance de mots. La correction
consiste aussi, avant tout, à éviter les locutions
vicieuses, telles que barbarismes et solécismes.

Fénélon appuiera ce précepte : « Je demeu-
« rai, presque pendant tout le siége de Troie
« (dit Philoctète à Télémaque), seul, sans se-
« cours, sans espérance, sans soulagement, li-
« vré à d'horribles douleurs, dans cette île
« déserte et sauvage, où je n'entendais que le
« bruit des vagues de la mer qui se brisaient
« contre les rochers. »

Nous en trouvons de nombreux exemples
dans Justin dont le style est toujours pur et
correct : « Non habentibus Spartanis leges in-
« stituit Lycurgus, non inventione earum
« quam exemplo clarior ; si quidem nihil lege
« ulla in alios sanxit, cujus non in se primus
« documenta daret. » On peut remarquer, dans
cette citation, combien le choix des mots
ajoute à la pensée.

ARTICLE II.

De la clarté.

La *clarté* dans le style dépend surtout de la
propriété des mots : pour être clair, il faut évi-

ter les termes équivoques, les constructions
embarrassées, les périodes trop longues, les
phrases où le sens serait longtemps suspendu ;
avant d'écrire, il faut se bien entendre, et se
proposer d'être bien entendu. On croirait ces
deux règles inutiles à prescrire ; rien de plus
commun cependant que de les voir négliger : on
prend la plume avant d'avoir démêlé le fil de ses
idées, et leur confusion se répand dans le style.

Le désir de paraître fin, délicat, profond,
nuit souvent à la *clarté* : ce n'est pas à dire
pour cela qu'il faille renoncer à s'exprimer
d'une manière neuve, ingénieuse et piquante ;
il faut seulement la concilier avec la *clarté*.
Quoi de plus clair (pour citer un exemple entre
mille) que cette phrase de Tite-Live : « Prin-
« ceps Horatius ibat, tergemina spolia præ se
« gerens : cui soror, virgo, quæ desponsa uni
« ex Curiatiis fuerat, obvia ante portam Ca-
« penam fuit : cognitoque super humeros fra-
« tris paludamento, quod ipsa confecerat,
« solvit crines, et flebiliter nomine sponsum
« mortuum appellat. »

Ces deux qualités (*correction* et *clarté*), qu'on
peut appeler grammaticales, sont les plus im-
portantes dans la composition ; elles distinguent
les bons écrivains. Loin d'être toujours à côté
de l'idée qu'ils veulent présenter, ils la rendent
et la font saisir avec justesse par une expression propre.

ARTICLE III.

De la Précision.

La *précision* consiste à exprimer la pensée avec le moins de termes qu'on peut, et avec les termes les plus justes ; cette qualité est surtout essentielle à la narration ; elle en rend la marche rapide et semblable à celle de l'esprit toujours curieux de connaître : « Soyez précis, « dit Horace, afin que les esprits saisissent « promptement et retiennent facilement ce « que vous dites. » Le mérite de la *précision* tient à la justesse de l'esprit : il s'acquiert aussi par la réflexion ; plus on a médité son sujet, plus on est précis. On connaît le mot de Pascal, qui s'excusait d'avoir manqué de précision dans une lettre, sur ce qu'il n'avait pas eu le temps de la faire plus courte.

Chateaubriand nous donne un exemple de précision dans son récit de la bataille de Salamine (*Essai hist. sur les révolutions*) : « C'était la « veille de la bataille de Salamine. La nuit « était obscure. Les cœurs, sur la petite flotte « des Grecs, agités par tout ce qu'il y a de « plus cher aux hommes, la liberté, l'amour, « l'amitié, la patrie, palpitaient sous un poids « d'inquiétudes, de désirs, de craintes, d'es- « pérances. »

Tacite nous offre à chaque instant des modèles d'une élégante précision, entre autres,

dans cette phrase de la Vie d'Agricola : « De-
« dimus profecto grande patientiæ documen-
« tum, et sicut vetus ætas vidit quid ultimum
« in libertate esset, ita nos quid in servitute,
« adempto per inquisitiones et loquendi au-
« diendique commercio : memoriam quoque
« ipsam cum voce perdidissemus, si tam in
« nostra potestate esset oblivisci quam tacere.»
Il ne faut pas peu d'art pour exprimer un certain nombre de pensées par le plus petit nombre possible de mots : il y a deux écueils à éviter, l'obscurité et la sécheresse.

La *précision* ne peut produire son effet
qu'autant qu'elle est unie à la plus grande
clarté : elle n'exclut ni la richesse ni les agré-
ments du style; mais la *précision* de l'orateur
et du poëte n'est pas celle du philosophe et de
l'historien, quoique le principe soit le même
pour tous deux, savoir, d'aller droit au but.

Au style précis est opposé le style diffus,
qui consiste à dire peu en beaucoup de mots :
on a blâmé dans Ovide ce vers qui présente un
pléonasme :

Omnia pontus erant, deerant quoque littora ponto.

« Tout était mer ; la mer aussi n'avait point
de rivages. »

Des critiques ont reproché à Cicéron d'être
quelquefois verbeux.

ARTICLE IV.

Du Naturel.

Le *naturel* consiste à rendre une idée, une image, un sentiment sans effort et sans apprêt. On entend par *naturel*, un caractère particulier du style, où règne une simplicité modeste également éloignée de la négligence et de la recherche, une élégance familière, une heureuse facilité à s'exprimer sans contrainte : c'est la vérité des expressions, des images, des sentiments, mais une vérité parfaite qui paraît n'avoir coûté à l'écrivain aucune peine. La moindre affectation détruit le *naturel;* dès qu'une expression recherchée, une image forcée, un sentiment exagéré se présentent, il disparaît. Un obstacle au *naturel*, c'est l'uniformité de la symétrie, et l'affectation de l'esprit. Un écrivain cessera encore d'être naturel s'il s'étudie à reproduire trop exactement la manière des grands maîtres.

Tout ouvrage qui manque de *naturel* est privé du don de plaire; rien n'est plus opposé au *naturel* que la peine qu'on se donne pour exprimer des choses ordinaires ou communes d'une manière singulière ou pompeuse; que l'emploi continuel du langage figuré, et surtout l'abus des antithèses.

Le *naturel* est le fruit d'un jugement sain et d'un goût exercé; les jeunes gens qui com-

mencent à écrire sont sujets aux défauts oppo-
sés ; ils tombent dans l'exagération, dans l'affectation ; ils se mettent l'esprit à la torture, au
lieu d'écrire simplement et sans effort.

Est-il rien de plus *naturel* que ce passage de
Gil Blas : « J'avais été dans l'après-diné cher-
« cher mes hardes et mon cheval à l'hôtellerie
« où j'étais logé, après quoi j'étais revenu sou-
« per à l'archevêché, où l'on m'avait préparé
« une chambre fort propre et un lit de duvet. »

Le *naturel* peut se remarquer à chaque instant dans la narration des anciens : je ne citerai qu'un exemple tiré de Justin : « Duodecim
« adolescentes, quorum erat dux Pelopidas,
« quum Athenis interdiu exiissent, ut, vespe-
« rascente cœlo, Thebas possent pervenire,
« cum canibus venaticis exierunt, retia feren-
« tes, vestitu agresti, quo minore suspicione
« facerent iter. »

ARTICLE V.

De la Noblesse.

La *noblesse* consiste à éviter les idées popu-
laires et les termes bas ; il est une marque in-
faillible pour voir si, dans les anciens, un tour,
une image, une comparaison, un mot, sont
nobles ou ne le sont pas : c'est l'exemple et le
témoignage des bons écrivains. La *noblesse* du
style a dû varier dans ses degrés et dans ses

nuances, selon les temps, les lieux, les mœurs et les usages. Cependant il y a dans la nature une foule d'objets d'un caractère si marqué ou de grandeur ou de bassesse, que l'expression propre en est essentiellement noble ou basse chez tous les peuples. Dans ce dernier cas l'écrivain, obligé par son sujet d'exprimer une idée commune, au lieu d'employer le terme propre, se sert d'une périphrase, ou, par un art délicat de placer ou d'assortir les mots, nous fait oublier ce qu'il y a de trivial dans la pensée ou dans l'expression.

Ainsi Chateaubriand ennoblit par l'expression et par les images ce qu'il y a de repoussant dans sa comparaison de Mérovée, après sa victoire sur les Gaulois, avec le roi des animaux : « Ainsi se repose un lion de Numidie, « après avoir déchiré un troupeau de brebis : « sa faim est apaisée, sa poitrine exhale l'odeur « du carnage ; il ouvre et ferme tour à tour sa « gueule fatiguée qu'embarrassent les flocons de « laine ; enfin il se couche au milieu des agneaux « égorgés : sa crinière humectée d'une rosée « de sang retombe des deux côtés de son cou ; « il croise ses griffes puissantes ; il allonge la « tête sur ses ongles ; et, les yeux à demi fer- « més, il lèche encore les molles toisons éten- « dues autour de lui. »

La *noblesse* s'allie très-bien à la simplicité. Dans Virgile, la peste, l'épisode du vieillard de

Corycie et celui d'Achéménide ; dans Ovide, Philémon et Baucis, l'enlèvement de Proserpine et d'autres métamorphoses en offrent une foule d'exemples.

Quand Justin oppose à la civilisation des Grecs les mœurs des Scythes, sa phrase prend un caractère de noblesse qui tient au sujet : « Prorsus ut admirabile videatur, hoc illis na- « turam dare quod Græci longa sapientium « doctrina præceptisque philosophorum con- « sequi nequeunt, cultosque mores incultæ « barbariæ collatione superari : tanto plus in « illis proficit vitiorum ignoratio quam in his « cognitio virtutis. »

Le début de la vie d'Agricola est aussi un modèle de style noble.

ARTICLE VI.

De l'Harmonie.

L'*harmonie* du style résulte du choix et de l'arrangement des mots. Les principes de l'*harmonie* doivent être dans la nature ; chaque pensée a son étendue, chaque image son caractère, chaque mouvement de l'âme son degré de force et de rapidité. Tantôt la pensée est comme un arbre touffu dont les branches s'entrelacent : elle demande le développement de la période ; tantôt les traits de lumière dont l'esprit est frappé sont comme autant d'éclairs qui se succèdent rapidement : le style coupé devient alors nécessaire.

Tels sont les effets de *l'harmonie*, que souvent ils dissimulent ou rachètent la faiblesse du fonds. Toutefois il ne faut pas que l'*harmonie* se borne au plaisir de l'oreille ; autrement elle se réduirait à de vains sons qui ne laisseraient aucune trace dans l'esprit. L'écrivain doit s'occuper avant tout de la pensée et des moyens de la rendre convenablement. Il doit se livrer aux mouvements de son âme ; s'il possède bien son sujet, qu'il ait du goût, une oreille délicate et juste, son style peindra sans qu'il s'en aperçoive, et l'expression viendra d'elle-même s'accorder avec la pensée.

Celui qui s'occuperait trop, en écrivant, de l'*harmonie mécanique*, qui consiste uniquement dans les mots considérés comme sons, pour en former l'*harmonie imitative*, qui consiste dans le rapport des sons avec les objets qu'ils expriment ; celui-là, dis-je, ne connaîtrait pas plus l'art de la composition que ceux qui songent à faire l'emploi d'une figure de rhétorique avant d'avoir songé à leur idée. Ce serait méconnaître le génie que de penser que nos grands écrivains se sont occupés minutieusement à chercher les effets de l'*harmonie* : ils leur sont venus d'inspiration.

Nous pourrions multiplier à l'infini les exemples d'*harmonie* dans la prose, car les poëtes ne sont pas les seuls qui en possèdent le secret. Nous en citerons pour exemple, en français, le début de l'oraison funèbre de Turenne, par Fléchier, et cette dernière phrase de Bossuet dans l'oraison funèbre de Condé : « Heureux si, averti par ces cheveux blancs « du compte que je dois rendre de mon admi- « nistration, je réserve au troupeau que je « dois nourrir de la parole de vie les restes « d'une voix qui tombe et d'une ardeur qui « s'éteint; » et en latin ce passage de Tite-Live, dans le récit de la condamnation du jeune Manlius. L'auteur rend d'une manière pittoresque et harmonieuse la chute du cheval de Métius. « Ad vulneris sensum quum equus « prioribus pedibus erectis magna vi caput qua- « teret, excussit equitem : quem, cuspide par- « maque innixum, attollentem se ab gravi casu « Manlius ab jugulo, ita ut per costas ferrum « emineret, terræ affixit. »

On pourrait rapprocher ces circonstances de celles du combat d'Énée contre Mézence, dans Virgile.

*2

CHAPITRE VI.

DES QUALITÉS PARTICULIÈRES DU STYLE.

Les qualités générales du style sont invariables : partout il doit être correct, clair, précis, naturel, noble, harmonieux ; mais les qualités particulières varient suivant la nature des sujets qu'on traite, ou des objets qu'on veut peindre. Nous n'examinerons les *qualités particulières* du style que relativement à la narration.

Ces qualités sont l'*élégance*, la *richesse*, la *finesse*, la *délicatesse*, le *familier*, l'*énergie*, la *véhémence*, la *magnificence.*

ARTICLE I.

De l'Élégance.

L'*élégance* du style suppose la correction, la justesse, la pureté de la diction ; c'est-à-dire la fidélité la plus sévère aux règles de la langue, au sens de la pensée, aux lois de l'usage et du goût ; elle exige en outre une liberté noble, un air facile et naturel, qui, sans nuire à la correction, déguise l'étude et la gêne.

L'écueil à éviter, c'est la langueur et la mollesse ; il ne faut pas, par une trop grande recherche de l'élégance, énerver soit le sentiment soit la pensée : l'élégance trouve surtout sa place là où il s'agit d'exprimer des détails communs ; c'est alors que le tour et l'expression doivent relever ce qu'il y a de bas et de trivial dans les idées.

Fléchier, dans l'oraison funèbre de Marie Thérèse d'Autriche, déguise par l'élégance de la phrase tout ce que présentait de rebutant la description de l'hospice où la reine de France allait porter des paroles de consolation. « Voyons-la dans ces hôpitaux où elle prati- « quait ses miséricordes publiques, dans ces « lieux où se réunissent toutes les infirmités « et tous les accidents de la vie humaine ; où « les gémissements et les plaintes de ceux qui « souffrent remplissent l'âme d'une tristesse « importune ; où l'odeur qui s'exhale de tant « de corps languissants porte dans le cœur « de ceux qui les servent le dégoût et la dé- « faillance, etc. »

Nous remarquerons l'élégance dans Quinte-Curce, quand il nous montre Alexandre quittant ses vêtements en présence de son armée, pour se baigner dans le Cydnus : « Pulvere ac « sudore simul perfusum regem invitavit li- « quor fluminis ut calidum adhuc corpus « abluerct. Itaque, veste deposita in conspectu « agminis (decorum quoque futurum ratus si « ostendisset suis levi ac parabili cultu corpo- « ris se esse contentum), descendit in flumen. »

Dans ce passage où Tite-Live peint la détresse d'un citoyen romain dont l'extérieur hideux fait éclater le mécontentement et excite le peuple à la révolte : « Obsita erat squalore « vestis, fœdior corporis habitus, pallore ac « macie perempti. Ad hoc promissa barba et « capilli efferaverant speciem oris. »

ARTICLE II.

De la Richesse.

La *richesse* du style est l'abondance unie à l'éclat ; on la reconnaît à l'affluence ménagée des pensées brillantes, des images vives, des figures hardies, de tours nombreux : mais il y a une abondance stérile ; c'est quand les pensées solides et justes ne forment pas le fond du style. La *richesse* ne doit jamais dégénérer en luxe ; un ouvrage où tout frappe et éblouit fatigue bientôt, parce qu'il est difficile que la recherche ne s'y fasse pas sentir, et que l'ostentation déplaît.

On remarque surtout la richesse du style dans les descriptions et les tableaux ; c'est alors que l'écrivain, pour faire image, substitue aux expressions simples les expressions figurées.

Buffon se distingue surtout par la richesse de son style : lisez sa description du cheval : « La plus noble conquête que l'homme ait ja-

« mais faite est celle de ce fier et fougueux
« animal qui partage avec lui les fatigues de
« la guerre et la gloire des combats. Aussi in-
« trépide que son maître, le cheval voit le pé-
« ril et l'affronte ; il se fait au bruit des armes ;
« il l'aime, il le cherche, il s'anime de la même
« ardeur, etc. »

Le style de Tite-Live est riche quand il
énumère les moyens de défense fournis par
Manlius, accusé de prétendre au pouvoir suprême : « Ad hæc, decora quoque belli non
« commemorasse tantum, sed protulisse etiam
« conspicienda, spolia hostium cæsorum ad
« triginta, dona imperatorum ad quadraginta :
« in quibus insignes duas murales coronas,
« civicas octo ;.... nudasse pectus insigne ci-
« catricibus bello acceptis, et identidem Capi-
« tolium spectans, Jovem deosque alios devo-
« casse ad auxilium fortunarum suarum, etc. »

ARTICLE III.

De la Finesse.

La *finesse* est tantôt celle de la pensée, tantôt celle de l'expression, quelquefois l'une et
l'autre. La *finesse* du style consiste à laisser
deviner une partie de sa pensée ; employée
avec ménagement, elle est d'autant plus agréable, qu'elle exerce et fait valoir l'intelligence
des autres. Toutefois, on doit être sobre et

circonspect dans l'usage de la *finesse ;* rien n'est
plus opposé à la véritable éloquence que l'emploi de ces pensées fines et la recherche de
ces idées légères et délicates, sans consistance,
et qui, comme la feuille du métal battu, ne
prennent de l'éclat qu'en perdant de la solidité ; l'affectation de ce genre d'écrire est le
défaut dominant de Sénèque : souvent aussi, à
force d'être fin, on devient obscur.

Exemples de finesse à imiter : la reine Eli-
sabeth demandait à Cécile : « Que s'est-il passé
au conseil ? — Quatre heures, madame, répondit le ministre. » Une femme demandait à
Bourdaloue, si c'était un mal d'aller au spec-
tacle : « C'est à vous, madame, à me le dire, »
lui répondit le directeur.

Dans Tite-Live, l'exorde du discours de Ca-
mille exilé chez les Ardéates : « Ardeates, ve-
« teres amici, novi etiam cives mei, quando
« et vestrum beneficium ita tulit et fortuna hoc
« egit mea, nemo vestrum conditionis meæ
« oblitum me huc processisse putet. » Et cette
phrase de Persée, accusant auprès de son père
son frère Démétrius : « Si gradum, si caritatem
« filii apud te haberem; non in me querentem
« deprehensas insidias, sed in eum qui fecisset,
« sævires : nec adeo tibi vilis vita esset nostra,
« ut nec præterito periculo meo movereris,
« neque futuro, si insidiantibus sit impune. »

Il ne faut pas confondre la *finesse* avec les

finesses du style. On appelle *finesses* du langage,
ses élégances les plus exquises, ses nuances les
plus délicates, les tours, les ellipses, les licences
qui lui sont propres, les tons variés dont il
est susceptible, les caractères qu'il donne à la
pensée par le choix, le mélange, l'assortiment
des mots.

ARTICLE IV.

De la Délicatesse.

Il y a deux sortes de sagacité, celle de
l'esprit et celle de l'âme : à la sagacité de
l'esprit appartient la finesse ; à la sagacité de
l'âme appartient la *délicatesse* du sentiment.
La *délicatesse* de l'expression consiste à imiter
celle du sentiment ou à la ménager : ce sont
là ses deux caractères. Pour imiter la *délicatesse* du sentiment, il suffit que l'expression soit
naïve et simple ; pour la ménager, elle doit être
détournée : on désire être entendu, et l'on
craint de se faire entendre. Ainsi l'expression
est pour la pensée, ou plutôt pour le sentiment,
un voile léger et trompeur qui rassure l'âme,
et qui la trahit. La *délicatesse* est toujours bien
reçue à la place de la finesse ; mais la finesse,
à la place de la *délicatesse*, manque de naturel,
et refroidit le style : c'est souvent le défaut
d'Ovide. Je citerai le mot de Louis XIV à Villeroi,
après la bataille de Ramillies : « Monsieur le ma-

réchal, on n'est plus heureux à notre âge. » On
demandait à Pyrrhus, roi d'Épire, quel était
le meilleur joueur de flûte de son royaume :
« Polysperchon, répondit-il, est le meilleur de
mes généraux. »

Voici des exemples de délicatesse : dans
Quinte-Curce, lorsqu'il fait dire à Alexandre
relevant Sisigambis qui s'était trompée en pre-
nant Héphestion pour lui : « Non errasti, ma-
« ter, nam et hic Alexander est. » Dans cette
phrase de Pline à Trajan qui avait refusé longtemps le titre de père de la patrie, et qui ne
voulut le recevoir que quand il crut l'avoir
mérité : « Soli omnium contigit tibi, ut pater
« patriæ esses, antequam fieres. » Dans Tite-
Live, lorsque Scipion dit à Allucius, dont on
lui avait amené la fiancée : « Juvenis juvenem
« appello, quo minor sit inter nos hujus ser-
« monis verecundia. » Dans Tacite, en parlant
d'Agricola : « Integritatem atque abstinen-
« tiam in tanto viro referre, injuria virtutum
« fuerit. »

ARTICLE V.

Du Familier.

Le *familier* dans le style s'entend du langage
usité par le monde cultivé et poli, opposé au
langage du peuple, d'où est pris le style bas.
Le caractère de ce style doit être la simplicité ;

c'est le ton de la conversation habituelle, employé par l'écrivain. Les lettres de Cicéron, les épîtres d'Horace, les lettres de madame de Sévigné et les fables de La Fontaine nous offrent des exemples du style *familier*. Nous nous bornerons à en citer en français un seul exemple, tant ils sont nombreux. « Voici un « terrible jour, ma chère enfant (écrivait ma- « dame de Sévigné à sa fille) ; je vous avoue « que je n'en puis plus. Je vous ai quittée dans « un état qui augmente ma douleur. Je songe « à tous les pas que vous faites et à tous ceux « que je fais ; et combien il s'en faut qu'en « marchant toujours de cette sorte, nous puis- « sions jamais nous rencontrer. »

Les détails suivants sont du style *familier*. Dans Tite-Live, quand il parle des occupations de Cincinnatus : « L. Quintius, trans Tiberim, « contra eum ipsum locum ubi nunc navalia « sunt, quatuor jugerum colebat agrum, quæ « prata Quintia vocantur. Ibi ab legatis, seu « fossam fodiens palæ innixus, seu quum ara- « ret, operi certe, id quod constat, inten- « tus, etc. » Dans ce passage du même au- teur, où il parle de la maison de Curius : « Cui « villæ quum vicina prædia senior Cato possi- « deret, eo ventitabat crebro, tenuemque ca- « sam et rusculum quod vir tantus, post tres « triumphos, manibus suis foderat, cum re- « cordatione vitæ abstinentissime actæ con-

« templatus, animum ad parem constantiam,
« antiquæ simplicitatis et virtutis æmulatione
« componebat. » Dans Cicéron le récit des dé-
lassements simples de Scipion et de Lælius.

ARTICLE VI.

De l'Énergie.

L'*énergie* du style consiste à serrer l'expression pour donner plus de ressort au sentiment
ou à la pensée. L'*énergie* se trouve tantôt dans
la force de l'image; tantôt elle résulte d'un
contraste ; quelquefois elle se rencontre dans
un seul mot, dans lequel se réunissent les
forces accumulées d'une foule d'idées ou de
sentiments.

Exemples d'énergie. « Poussons donc à bout
« la gloire humaine (dit Bossuet dans l'oraison
« funèbre de Condé), détruisons l'idole des
« ambitieux : qu'elle tombe anéantie devant
« ces autels. » Et dans celle de Michel Letel-
lier, en parlant des trois princes captifs (Condé,
Conti et Longueville) : « Mais où garder des
« lions toujours prêts à rompre leurs chaînes,
« pendant que chacun s'efforce de les avoir en
« main pour les retenir ou les lâcher au gré
« de son ambition ou de ses vengeances. »

Dans le combat des Horaces, de Tite-Live :
« Infestisque armis, velut acies, terni juvenes,
« magnorum exercituum animos gerentes,

« concurrunt. » Dans le même auteur, en parlant du Gaulois qui a provoqué T. Manlius :
« Gallus , velut moles superne imminens....·.
« cum ingenti sonitu ensem dejecit. » Dans
Tacite , vie d'Agricola : « Memoriam quoque
« ipsam cum voce perdidissemus , si tam in
« nostra potestate esset oblivisci, quam tacere. »

ARTICLE VII.

De la Véhémence.

La *véhémence* du style dépend moins de la
force que du tour et du mouvement impétueux
de l'expression. C'est l'impulsion que le style
reçoit des sentiments qui naissent en foule et
se pressent dans l'âme, impatients de se répandre au dehors ; la célérité des idées qui s'échappent comme des traits de lumière, communi-
quée à l'expression, fait la vivacité du style :
cette vivacité animée par le sentiment produit la *véhémence*. Le discours direct comporte nécessairement à un plus haut degré
cette qualité.

Nous admirons dans Bossuet ce mouvement
oratoire dans l'oraison funèbre de madame du-
chesse d'Orléans : « O nuit désastreuse ! ô nuit
« effroyable, où retentit tout à coup comme un
« éclat de tonnerre cette étonnante nouvelle :
« Madame se meurt ! Madame est morte ! »
Paroles foudroyantes et si lamentables qu'elles

firent verser des larmes à tout l'auditoire, et que l'orateur lui-même fut un instant interrompu par ses sanglots.

Nous avons un exemple de véhémence dans le discours de Tullus à ses soldats, sur la trahison de Mettius. « Mettius ille est ductor iti« neris hujus : Mettius idem hujus machinator ; « Mettius fœderis romani albanique ruptor : « audeat deinde talia alius, nisi in hunc insigne « jam documentum mortalibus dedero (Tit. « Liv. lib. 1).» Dans la réponse de Nisus pour sauver Euryale : « Me me, adsum qui feci, in « me convertite ferrum (Virgil.). »

ARTICLE VIII.

De la Magnificence.

La *magnificence* du style est la richesse unie à la grandeur ; on dit d'un style fécond en grandes pensées, en images vives et imprévues, en tours et en expressions choisies, qu'il est magnifique. Ainsi le début de l'oraison funèbre de la reine d'Angleterre, dans Bossuet, est un modèle de magnificence. « Celui qui « règne dans les cieux, et de qui relèvent tous « les empires, à qui seul appartient la gloire, la « majesté et l'indépendance, est aussi le seul « qui se glorifie de faire la loi aux rois, et de « leur donner, quand il lui plaît, de grandes « et de terribles leçons. » Tacite, en parlant des

obsèques de Germanicus, dit : « Funus sine
« imaginibus et pompa, per laudes ac memo-
« riam virtutum ejus celebre fuit. Et erant qui
« formam, ætatem, genus mortis, ob propin-
« quitatem etiam locorum in quibus interiit,
« magni Alexandri fatis adæquarent, etc. »

Le style de Quinte-Curce a souvent de la
magnificence, par exemple dans ces réflexions
sur la belle conduite d'Alexandre envers les
princesses ses prisonnières. « Equidem, si hac
« continentia animi ad ultimum vitæ perseve-
« rare potuisset, feliciorem fuisse crederem,
« quam visus est esse, quum Liberi patris imi-
« taretur triumphum, ab Hellesponto usque ad
« Oceanum omnes gentes victoria emensus :
« vicisset profecto superbiam atque iram, mala
« invicta ; abstinuisset inter epulas cædibus
« amicorum ; egregiosque bello viros et tot
« gentium secum domitores, indicta causa, ve-
« ritus esset occidere. »

Mais il est un écueil à éviter, c'est l'*enflure*.
Elle exprime en termes pompeux, une pensée
fausse ; on veut faire paraître les idées plus
grandes qu'elles ne le sont, c'est le défaut de
Sénèque et d'Ovide. Fuyez donc la recherche
et la profusion des images : tout ce qui sent
l'emphase refroidit le cœur.

CHAPITRE VII.

DES DIFFÉRENTS GENRES DE STYLE.

De toutes ces qualités particulières du langage, on a formé trois genres de style, le *simple*, le *sublime* et le *tempéré*. Ces trois genres ont pris leurs noms des qualités particulières qui dominent dans chacun d'eux ; toutefois voyons les différentes définitions qui en ont été données par les rhéteurs.

Rollin, par respect pour les anciens, a conservé cette division de style ; mais il ajoute « qu'il serait inutile d'examiner lequel de ces « trois genres convient le mieux à l'écrivain, « puisqu'il doit les embrasser tous, et que son « habileté consiste à savoir les employer à pro- « pos selon la différence des matières qu'il « traite, de sorte qu'il puisse les tempérer l'un « par l'autre. »

ARTICLE I.

Du Style tempéré.

« Le *style simple*, dit Cicéron, est sans élé- vation, semblable au langage familier, quoique dans le fond il en soit plus éloigné qu'on ne pense. Tous les lecteurs, jusqu'aux moins élo- quents, croient pouvoir l'imiter. En effet rien, si l'on en juge par l'apparence, ne semble plus facile à reproduire que ce style simple et délié, mais pourtant rien n'est plus difficile, quand on veut en faire l'épreuve. »

Ce qui le fait paraître si aisé à imiter, c'est que les mots sont propres, et les tours naturels ; le familier noble est le caractère dominant du *style simple*; c'est ce qu'on peut appeler *simplex mundities*. Il admet toutes les figures de mots et de pensées, mais avec retenue ; pour cacher l'art, il se permet certaines négligences qu'on pourrait dire heureuses, et qui ne déplaisent pas, parce qu'elles montrent un auteur plus occupé des choses que des mots.

ARTICLE II.

Du Style sublime.

Il ne faut pas confondre le *style sublime* avec le style proprement dit. Boileau marque très-bien la différence qui existe entre les deux, quand il dit : « *Le style sublime* veut toujours de grands mots ; mais le sublime se peut trouver dans une pensée, dans une seule figure, dans un seul tour de phrase. Ce trait de la Genèse : *Dieu dit que la lumière soit, et la lumière fut*, est sublime. » Sans entrer dans de plus grands détails sur la distinction du sublime, nous le définirons, *l'expression d'une pensée ou d'un sentiment qui élève l'âme*, et

nous renverrons, pour en bien connaître toutes
les espèces, au traité de Longin sur cette
matière.

Quant au *style sublime*, c'est celui qui, par
la majesté et l'élévation continues des expressions, par la vivacité des tours et des mouvements, par la noblesse et la beauté des images,
tient l'esprit toujours élevé. L'énergie, la véhémence, la magnificence sont le caractère dominant du *style sublime*.

ARTICLE III.

Du style tempéré.

Le *style tempéré* est celui qui tient le milieu
entre le style simple et le style sublime. Il n'a
ni la simplicité, ni l'élévation continues de ces
deux genres. Il admet tous les ornements de
l'art, mais avec cette réserve qui l'empêche de
devenir tout à fait sublime : on sent qu'il est
assez difficile de fixer les limites de ce style
moyen. Cicéron me semble en contradiction
avec lui-même dans la définition qu'il en
donne ; tantôt il ne lui accorde que la facilité,
l'égalité et quelques légers ornements; ailleurs
il reconnaît que c'est celui auquel sont permises
toutes les parures du style. On peut dire que
l'élégance, la richesse, la finesse et la délicatesse appartiennent également au *style tempéré*.

CHAPITRE VIII.

DES DIFFÉRENTS STYLES DE LA NARRATION.

La narration, dont les règles seules nous occupent, comporte les trois genres de style dont nous venons de parler ; mais le *style simple* lui est le plus habituel.

Pour connaître le genre de style qui convient à la *narration*, il faut, avant d'écrire, avoir bien examiné son sujet, et distinguer le récit grave du plaisant ; mais, quel qu'il soit, il faut qu'il joigne la précision à la rapidité.

ARTICLE I.

Convenance du Style.

Il y a encore dans le style plusieurs règles à observer, lesquelles peuvent être comprises sous le titre de *convenance* ou *couleur locale*.

Le style des peuples varie comme les climats, les productions du sol, le gouvernement, les religions, les mœurs ; les images surtout qui prêtent des formes sensibles aux choses purement intellectuelles, qui revêtent la pensée souvent de couleurs si brillantes, sont différentes d'une nation à une autre, parce que chaque nation les puise dans une nature différente ; ainsi les chants sauvages du barde Os-

sian ne ressemblent pas aux chants naïfs et
sublimes du chantre de Troie ; le style d'un
habitant du Nord sera empreint d'une autre
teinte que le style d'un habitant du Midi ; on
devra donc emprunter les images , les descriptions, et les formes des discours qui entreront
dans le récit, de la nature du climat et des ha-
bitudes du peuple chez lequel s'est passé le fait
qu'on raconte.

Non-seulement le style éprouve les variétés
dont nous venons de parler, mais encore il
varie dans la même langue d'une époque à une
autre ; ainsi les Romains du commencement
de la république ne parlaient pas comme ceux
du siècle d'Auguste ; ainsi notre langue à
perdu beaucoup de son antique simplicité, et
l'on pourrait dire qu'elle s'est appauvrie en
s'enrichissant.

De l'observation de tous ces rapports résultera ce qu'on nomme *couleur locale*, le plus
grand mérite, sans contredit, d'un écrivain,
mais aussi le plus difficile à acquérir ; par cette
teinte particulière et originale donnée à son sujet, il sortira de la classe commune , et fixera
l'intérêt de ses lecteurs.

ARTICLE II.

Bienséances du Style.

Toutefois , en observant la *convenance* du
style, il faut craindre de blesser les *bienséances ;*

elles consistent à se conformer au goût du siècle où l'on écrit et au caractère particulier de
sa nation ; veut-on, par exemple, nous présenter les héros des temps antiques, on est
obligé de forcer un peu la vraisemblance, de
laisser tous ces détails révoltants pour notre
délicatesse, qui sont le résultat nécessaire de
la grossièreté des premiers siècles, et de revê-
tir le fond des caractères de formes convenables à nos mœurs. En conservant à Achille
cette impétuosité, ces emportements et ce
bouillant courage, premier trait de son caractère, gardons-nous de le représenter pro-
digue de ces injures dont il accable Agamemnon. C'est ici qu'il faut un goût exquis pour
bien discerner ce qu'on doit imiter ou rejeter
dans les anciens. Les *bienséances* du style consistent donc à modifier les *convenances locales*.

Conclusion.

De l'observation de toutes ces règles, résul-
teront dans la narration l'*intérêt* et l'*agrément*
pour le lecteur ; elle formera un ensemble par-
fait, auquel la peinture vive et animée de événements, le développement des passions, des
réflexions profondes et judicieuses, donneront
une marche imposante et un caractère vraiment dramatique.

DEUXIÈME PARTIE.

CHAPITRE PREMIER.

De l'Analyse et du Développement des auteurs dans les classes.

Nous avons dit, dans notre première partie, que l'analyse devait précéder la composition : en effet, avant de composer, il faut savoir décomposer ou analyser. Essayons maintenant de démontrer l'importance de cet exercice, et d'en faire connaître les règles générales.

On ne saurait nier que l'explication des auteurs ne soit un des points les plus importants du mode d'instruction suivi dans les colléges ; plus l'élève avance, plus cette interprétation acquiert d'intérêt. En *seconde*, elle ne se bornera pas à la connaissance des préceptes et des principes de la grammaire, du sens des mots, de la valeur et de la propriété des expressions ; on fera remarquer quelque chose de plus que la pureté, l'exactitude et l'élégance du langage : il faudra encore étudier et comprendre le plan, l'ensemble et l'ordonnance de la composition, pour être à même de signaler les beautés et les défauts qui peuvent s'y trouver.

C'est ce qu'en termes d'école on nomme
l'*analyse* et le *développement oratoire*. De l'aveu
des rhéteurs, il n'est pas, sans contredit, de
meilleur moyen de se former à la composition.

De l'importance de l'Analyse.

C'est en décomposant un tout dans ses différentes parties, en observant leur ordre et
leur disposition, et en remontant aux idées
premières, que l'on apprendra l'art de bien
composer. S'il est impossible d'arriver à la per-
fection, il y aura du moins amélioration, pro-
grès, perfectionnement : voilà déjà un assez
grand mérite. Réduisons d'abord une narration quelconque à sa plus simple expression,
c'est-à-dire à l'*idée mère*, puis, en la compo-
sant de nouveau, la suite et la liaison des pensées nous feront naturellement découvrir toutes
celles qui dérivent de l'idée première : procédé
facile, qui nous aura bientôt appris à suivre
dans nos propres compositions la méthode des
grands maîtres.

Qu'un exemple rende notre proposition plus
sensible. Appliquons en petit, à un fait historique bien connu, les règles que nous venons
de poser concernant l'*analyse* : il s'agit du supplice de Manlius. Quelle sera l'*idée mère* ? la
délivrance du Capitole par ce même guerrier,

condamné à en être précipité en expiation de
ses crimes politiques. De cette idée première,
et qui établit un contraste frappant, vont déri-
ver toutes les autres, savoir : le souvenir de
l'ancienne gloire de Manlius opposé à son infamie présente ; les réflexions du peuple sur la
triste destinée du vainqueur des Gaulois ; sa
défense naturellement puisée dans l'aspect du
lieu même choisi pour son supplice ; la description, l'énumération de ses victoires, de ses
hauts faits d'armes, de ses trophées militaires ;
les regrets dont on ne peut se défendre, en son-
geant qu'un si grand homme eût terminé glo-
rieusement sa carrière, s'il n'était pas né dans
une république, etc.

Après un tel travail d'analyse et de composition, ouvrez Tite-Live, et vous pourrez vous
convaincre par vous-même que vous n'avez
fait qu'appliquer à son magnifique récit le simple procédé de la nature. Mais qu'une volonté
ferme et qu'une attention soutenue, ce mobile
actif et puissant de l'intelligence humaine, ne
cessent de vous animer. L'œil distrait qui ef-
fleure mille objets divers sans s'arrêter à aucun,
n'en retient qu'une image confuse et impar-
faite. Voulez-vous jouir pleinement du specta-
cle qui vous est offert ? que vos regards s'atta-
chent à chaque objet et s'y reposent longtemps
dans un ordre successif ; observez les différents rapports qui existent entre eux ; puis

embrassez d'une seule vue leur ensemble. Presque toujours nous parcourons avec trop de rapidité le vaste champ qui s'ouvre à notre intelligence ; rendons notre esprit susceptible de la même application que nos regards, quand nous voulons connaître à fond toutes les beautés d'un site ou d'un tableau, et nous finirons par acquérir une instruction réelle et solide.

Quelque simples que soient, comme nous l'avons annoncé, les procédés de cette admirable nature qui sert de type aux travaux intellectuels, les opérations du génie n'en sont pas moins difficiles. C'est par des études pénibles et opiniâtres que la plupart des grands écrivains en tous genres préludèrent à leurs chefs-d'œuvre ; souvent même leur apprentissage fut long et plus rude que celui du vulgaire ; car, avant de s'engager dans la carrière, ils la mesurent, et, surmontant les obstacles en silence par une continuité d'efforts lents et successifs, ils confirment d'exemple cette grande vérité : Que l'habitude du travail peut seule le rendre facile.

De là, nous recueillerons un double avantage : des connaissances réelles et positives, et cette heureuse facilité qui, nous faisant marcher d'un pas rapide et sûr dans la voie de l'instruction, prévient les leçons du maître, et semble moins acquérir la science que l'inventer.

Ainsi s'instruisirent en tout temps les grands écrivains; ainsi nous apprendrons d'après eux à nous instruire; mais le travail fera tout : Démosthène, Racine, Buffon, et d'autres encore, en attestent le prodige.

Un exercice répété de l'*analyse* est donc indispensable pour tous ceux qui veulent se former à la composition. Le moment arrive où, possédant bien toutes les règles de l'art d'écrire appliquées aux meilleurs modèles, on partage pour ainsi dire, par droit d'association, toutes leurs idées; puis il ne s'agit plus que d'en faire éclore de nouvelles de son propre fonds, d'étendre et de féconder, suivant ses moyens, ce riche domaine de connaissances acquises : alors, encore une fois, on applique à la composition les procédés surpris aux grands maîtres.

ARTICLE II.

Règles générales de l'Analyse.

L'*analyse* dont nous allons donner quelques modèles, consiste donc à réduire un récit au simple fait, sans omettre toutefois aucune des circonstances essentielles, mais en les présentant dépouillées de tout ornement accessoire; ensuite on fera remarquer, dans le développement successif des différentes parties de la narration, l'art de l'écrivain pour amplifier et embellir son sujet.

CHAPITRE II.

*Analyse et développement de la Mort de Vatel,
par madame de Sévigné.*

Le vrai peut quelquefois n'être pas vraisemblable.

Ce précepte de Boileau trouve surtout ici
son application. Que l'on dise en effet à quelqu'un peu versé dans les fastes culinaires :
« Il exista, sous Louis XIV, un cuisinier qui
se tua de désespoir, parce que la marée avait
manqué dans un repas, » cette personne re-
fusera de croire à un tel récit ; mais, si l'on
ajoute que ce cuisinier était maître d'hôtel du
grand Condé, que ce prince traitait le roi de
France et une partie de la cour, que tout rou-
lait sur l'artiste en question, on concevra, jusqu'à un certain point, le suicide de ce héros de
l'office, et l'on sentira qu'il lui était permis
d'avoir de l'honneur à sa manière.

Toutefois on regardera un pareil fait comme
bien peu digne d'occuper l'attention ; mais, si
la femme la plus spirituelle de son siècle a pris
la plume pour le raconter, on concevra tout le
parti que l'on peut tirer des moindres sujets,
et l'on aura un récit, ou plutôt une description
pleine d'intérêt et de charme ; on croira voir,

* 3

on verra un tableau vif, piquant, pittoresque, dramatique même, dans ce qui n'offrait à l'esprit qu'une narration aride, froide et commune. C'est ainsi que les circonstances accessoires ont su embellir un fait qui, réduit à son simple exposé, dépouillé des grâces de l'élocution, n'aurait été que triste et rebutant. En effet, quelque déplorable que soit la catastrophe, la profession du personnage et le motif qui le porte à se tuer ne laissent pas de répandre une teinte de comique sur tout le récit. Quand on songe de plus qne le nom du pauvre Vatel se trouve mêlé aux grands noms de Louis XIV et de Condé, et que l'aimable auteur qui décrit sa fin donne bientôt après tous les détails de celle de Turenne; de tels contrastes font oublier le sérieux du fait, et l'on ne peut s'empêcher de classer ce récit, *bien qu'il y ait mort d'homme*, parmi les narrations du genre plaisant. Les anciens l'auraient appelé *lepida narratio* [1]. Mais commençons l'analyse.

On peut diviser cette narration en deux temps. Le premier offrira toutes les circonstances qui précédèrent et amenèrent comme de loin la catastrophe; telles que l'*arrivée du roi, la promenade, la collation, le souper.*

---

1. Dans mon *Narrationes français*, ce récit se trouve parmi les narrations familières: ce recueil doit servir d'exemples aux préceptes du Traité de la Narration; il se trouve chez Delalain.

Mort de Vatel.

« Le roi arriva jeudi au soir ; la promenade, la collation dans un lieu tapissé de jonquilles, tout cela fut à souhait. On soupa ; il y eut quelques tables où le rôti manqua, à cause de plusieurs dîners auxquels on ne s'était point attendu. Cela saisit Vatel ; il dit plusieurs fois : « Je suis perdu d'honneur ; voici une affaire que je ne supporterai pas. » Il dit à Gourville : « La tête me tourne, il y a douze nuits que je n'ai dormi ; aidez-moi à donner des ordres. » Gourville le soulagea en ce qu'il put. Le rôti, qui avait manqué, non pas à la table du roi, mais à la vingt-cinquième, lui revenait toujours à l'esprit. »

Remarquons d'abord l'art de l'auteur qui passe rapidement sur l'arrivée du roi, sur la promenade et la collation, pour nous entretenir du personnage principal ; il nous entraîne tout de suite au milieu du sujet. D'abord, le rôti manque à plusieurs tables, premier motif de mécontentement pour Vatel ; il se regarde comme perdu d'honneur ; il en parle à Gourville, intendant de monsieur le prince ; il le prie de l'aider, car la tête lui tourne : ce rôti, ce maudit rôti qui a manqué à la vingt-cinquième table est toujours présent à sa pensée : *manet alta mente repostum*. Observons la progression de la douleur de Vatel.

« Gourville le dit à M. le prince. M. le prince

alla jusque dans la chambre de Vatel, et lui dit :
« Vatel, tout va bien : rien n'était plus beau que
le souper du roi. » Il répondit : « Monseigneur,
votre bonté m'achève, je sais que le rôti a
manqué à deux tables. — Point du tout, dit
M. le prince, ne vous fâchez point, tout va bien.»

Tel est le désespoir du pauvre Vatel, que
Gourville en fait part à M. le prince, qui est
obligé de venir le rassurer, le consoler, le fé-
liciter même de son souper. On admire cette
bonté d'un grand prince envers son serviteur ;
on aime à retrouver dans un héros le meilleur
des maîtres ; remarquons le dialogue entre Vatel et le prince : ici le discours direct, qui ne
serait pas indiqué dans une matière, donne de
la vivacité au récit.

« Minuit vient, le feu d'artifice ne réussit point :
il fut couvert d'un nuage ; il coûtait seize mille
francs. »

Comme s'il était décidé que tout se réunirait
dans cette nuit funeste pour accabler l'amour-
propre déjà trop irritable de l'intendant de la
fête, le feu d'artifice ne réussit pas. Le ciel
sembla de complicité avec la terre contre un
simple mortel. Ce trait jeté comme en passant,
il coûtait seize mille francs, redouble les regrets du malheureux Vatel.

Le second temps de la narration est, sans

contredit, le plus dramatique. Remarquons avec quel art l'auteur laisse notre attention arrêtée sur le feu d'artifice. Hélas! les contrariétés de la nuit semblent présager à Vatel de nouvelles tribulations pour le lendemain.

« À quatre heures du matin Vatel s'en va partout; il trouve tout endormi. Il rencontre un petit pourvoyeur qui lui apportait seulement deux charges de marée. »

Tout le monde repose, le seul Vatel veille; le contraste de la douleur du maître d'hôtel avec le calme de toute la maison est piquant. Le voyez-vous, l'infortuné, courant partout, tel qu'un général qui cherche à réparer l'échec de la veille?

« Il lui demande : « Est-ce là tout ? — Oui, monsieur. » Il ne savait pas que Vatel avait envoyé à tous les ports de mer. »

Qu'il est vif et rapide, le dialogue avec le petit pourvoyeur! la réponse de l'enfant fait frémir. Arrête! malheureux, d'un mot tu vas donner la mort à un grand homme; la réflexion qui termine, placée fort à propos, porte avec elle l'excuse de l'innocent auteur de la catastrophe.

« Vatel attend quelque temps : les autres pourvoyeurs ne vinrent point : sa tête s'échauffait ; il crut qu'il n'aurait point d'autre marée. Il trouva Gourville ; il lui dit : « Monsieur, je ne survivrai point à cet affront-ci.» Gourville se moqua de lui. »

Dans son impatience, Vatel dévore l'espace. Ah ! que n'a-t-il des ailes ! et les autres pourvoyeurs, pourquoi ne ressemblent-ils pas aux coursiers de Neptune ! C'en est fait, il n'est plus temps, le malheureux a déposé dans le sein de Gourville ses dernières paroles. Gourville a entendu le chant du cygne. Ne pouvant croire à une telle susceptibilité, ne comprenant pas l'âme du héros, Gourville le plaisante au lieu de le rassurer, ou du moins de le suivre jusqu'à sa chambre : la présence du grand Condé deviendrait de nouveau nécessaire pour empêcher l'exécution du projet funeste.

« Vatel monte à sa chambre, met son épée contre la porte, et se la passe au travers du corps ; mais ce ne fut qu'au troisième coup qu'il tomba mort ; car il s'en donna deux qui n'étaient pas mortels. »

Nous voilà arrivés à cette partie de la narration où le dénouement tragique va s'accomplir ; il est inutile de faire observer ici combien les présents accumulés donnent de mouvement au récit ; ils produisent le même effet que l'infinitif en latin. Mais que dire de cette épée qui relève la condition du noble maître d'hôtel, de cette épée qui lui avait été donnée pour un autre usage, et qui devait se tremper dans un sang moins illustre? Ce ne fut qu'au troisième coup qu'il tomba ; preuve que ce suicide n'était pas l'effet d'un brusque désespoir, et que Vatel avait juré de ne pas *survivre à son affront*.

« Il tombe mort ; la marée cependant arrive de tous côtés ; on cherche Vatel pour la distribuer ; on va à sa chambre ; on heurte ; on enfonce la porte ; on le trouve noyé dans son sang. On court à M. le prince, qui fut au désespoir. M. le duc pleura ; c'était sur Vatel que tournait tout son voyage de Bourgogne. M. le prince le dit au roi fort tristement. On dit que c'était à force d'avoir de l'honneur à sa manière. On le loua fort, on loua et blàma son courage. »

Il tombe mort, la marée arrive ; belle opposition ! un instant de plus, et l'on conservait l'Ajax des cuisiniers. Quelle rapidité dans tout ce qui suit ! quelles images ! quel tableau ! et cette tristesse de M. le prince ! le grand Condé pleurant aux vers du grand Corneille, est peut-être moins touchant que lorsqu'il honore de ses larmes un fidèle serviteur. Quelques critiques ont trouvé dans cette réflexion, *C'était sur lui que tournait tout son voyage de Bourgogne,* une petite épigramme : M. le duc ne pleura Vatel, disent-ils, que parce qu'il comptait sur lui pour son voyage. On pourrait répondre à cette objection, que les épigrammes auraient mauvaise grâce dans un sujet aussi triste. Le trait qui termine, devenu proverbe, est d'une vérité profonde.

Lisons maintenant de suite cette narration qui réunit à la concision et à la rapidité, le naturel et l'élégance ; on peut comparer à ce récit celui de Berchoux sur le même sujet.

Mort de Vatel.

Le roi arriva jeudi soir ; la promenade, la collation dans un lieu tapissé de jonquilles, tout cela fut à souhait. On soupa ; il y eut quelques tables où le rôti manqua, à cause de plusieurs dîners auxquels on ne s'était point attendu. Cela saisit Vatel ; il dit plusieurs fois : « Je suis perdu d'honneur ; voici une affaire que je ne supporterai pas. » Il dit à Gourville : « La tête me tourne, il y a douze nuits que je n'ai dormi ; aidez-moi à donner des ordres. » Gourville le soulagea en ce qu'il put. Le rôti, qui avait manqué, non pas à la table du roi, mais à la vingt-cinquième, lui revenait toujours à l'esprit. Gourville le dit à M. le prince. M. le prince alla jusque dans la chambre de Vatel, et lui dit : « Vatel, tout va bien ; rien n'était plus beau que le souper du roi. » Il répondit : « Monseigneur, votre bonté m'achève ; je sais que le rôti a manqué à deux tables. — Point du tout, dit M. le prince ; ne vous fâchez pas, tout va bien. » Minuit vient, le feu d'artifice ne réussit point : il fut couvert d'un nuage; il coûtait seize mille francs. A quatre heures du matin Vatel s'en va partout; il trouve tout endormi. Il rencontre un petit pourvoyeur qui apportait seulement deux charges de marée. Il lui demande : « Est-ce là tout ? — Oui monsieur. » Il ne savait pas que Vatel avait envoyé à tous les ports de mer. Vatel attend quelque temps ; les autres pourvoyeurs ne vinrent point. Sa tête s'échauffait ; il crut qu'il n'y aurait point d'autre marée. Il trouva Gourville ; il lui dit : «Monsieur, je ne survivrai point à cet affront-ci. » Gourville se moqua de lui. Vatel monte à sa chambre, met son épée contre la porte, et se la passe au travers du corps; mais ce ne fut qu'au troisième coup qu'il tomba mort ; car il s'en donna deux qui n'étaient pas mortels. La marée cependant arrive de tous côtés ; on cherche Vatel pour la distribuer ; on va à sa chambre ; on heurte ; on enfonce la porte, on le trouve noyé dans son sang. On court à M. le prince, qui fut au désespoir. M. le duc pleura ; c'était sur Vatel que tournait tout son voyage de Bourgogne. M. le prince le dit au roi fort tristement. On dit que c'était à force d'avoir de l'honneur à sa manière. On le loua fort, on loua et blâma son courage.

(MADAME DE SÉVIGNÉ.

CHAPITRE III.

*Analyse et développement du Passage des Alpes
par François Ier.*

Le passage des Alpes par François Ier, sans
pouvoir être mis en parallèle avec le prodige
d'Annibal, fut cependant remarquable par la
hardiesse de l'entreprise et la célérité de l'exécution ; il ouvrit l'Italie à l'armée française,
amena ses premiers succès et le triomphe de
Marignan.

Cette narration descriptive, que nous devons à la plume judicieuse de l'historien Gaillard, peut surtout fournir aux élèves un modèle
d'exercice ; les détails souvent techniques de
nos travaux et de nos efforts, sont rapportés
avec une très-grande exactitude ; les noms des
différents fleuves et des pays où la scène a
lieu, donnent à l'ensemble du morceau une
couleur locale que l'on ne saurait trop recom-
mander. Bien que la manière de l'auteur ne
soit pas de procéder par accumulation et par
images, il y réussit sans tomber dans la diffusion
et l'enflure ; enfin, il a su trouver le secret d'ê-
tre à la fois peintre brillant et historien fidèle.
On ne découvre pas une seule trace de mauvais
goût dans son récit.

Passage des Alpes par François Ier.

« On part ; un détachement reste et se fait voir
sur le mont Cenis et sur le mont Genèvre, pour
inquiéter les Suisses et pour leur faire craindre
une attaque. »

On ne pouvait débuter plus simplement, ni
entrer plus franchement dans le sujet. Dans
une matière, on se bornerait à ces mots : *Un
détachement reste.* L'auteur, en ajoutant *se fait
voir,* complète l'idée et présente une image ;
*pour inquiéter les Suisses et leur faire craindre
une attaque,* c'est le développement nécessaire,
la conséquence naturelle de l'opération militaire. Il faut que l'élève trouve lui-même cette
fin de phrase qui d'ailleurs fait ressortir la
prévoyance du chef. *Sur le mont Cenis et le
mont Genèvre :* déjà des citations topographi-
ques. L'auteur n'y renoncera pas ; on peut le
suivre sur la carte pour se convaincre de son
exactitude.

« Le reste de l'armée passe à gué la Durance, et
s'engage dans les montagnes du côté de Guillestre ;
trois mille pionniers la précèdent. »

Le dernier trait fait l'éloge de la prudence
du général. On ne s'engage dans les montagnes qu'après s'être fait précéder du corps de
troupes nécessaires pour assurer la marche ;
l'exactitude du narrateur à citer les noms

géographiques, ridicule et puérile dans une
description poétique, mérite ici des éloges.

« Le fer et le feu lui ouvrent une route difficile et périlleuse à travers les rochers : on remplit
des vides immenses avec des fascines et de gros
arbres : on bâtit des ponts de communication : on
traîne, à force d'épaules et de bras, l'artillerie
dans quelques endroits inaccessibles aux bêtes de
somme. »

L'expression s'anime ; les tableaux vont devenir plus vifs ; déjà le fer et le feu sont per-
sonnifiés. Peut-être que l'élève, trouvant dans
la matière l'uniformité des tours, chercherait
à les varier ; cependant le goût devra lui faire
sentir que, plus l'armée française s'avance avec
ordre et prudence, plus la narration doit en
quelque sorte imiter cette marche par son développement uniforme et méthodique. C'est là
un des secrets de la composition. On laisserait
dans une matière tous les mots techniques que
l'élève ne peut pas connaître ; heureux, s'il peut
trouver de lui-même la propriété des verbes qui
y sont joints ; c'est la justesse de l'élocution
qui relève tous ces détails un peu arides.

« Les soldats aident les pionniers ; les officiers
aident les soldats ; tous indistinctement manient
la pioche et la cognée, poussent aux roues, tirent
les cordages ; on gravit sur les montagnes ; on fait
des efforts plus qu'humains. »

Le tableau se poursuit dans une progression vraiment admirable. Les rangs sont confondus ; les inférieurs se mêlent à leurs supérieurs ; soldats, officiers, tous mettent la main à l'œuvre ; il n'est pas jusqu'aux expressions triviales de *pioche* et de *cognée* qui ne soient employées avec art, relevées tant par le tour que par le verbe qui les accompagne. Faisons observer encore comment toutes les phrases hachées, courtes et précises, accélèrent la marche de la narration ; quel tableau ! c'est un exemple d'harmonie imitative : il faut que l'élève tâche de comprendre et de reproduire ces ruses de style, ces artifices de diction.

« On brave la mort qui semble ouvrir mille tombeaux dans ces vallées profondes que l'Argentière arrose, et où des torrents de glaces et de neiges fondues par le soleil se précipitent avec un fracas épouvantable. »

Ce passage a presque toute la richesse d'une description poétique ; ce qui en fait le principal mérite, c'est qu'au moment où l'on pourrait croire l'historien entraîné au delà des limites de la vraisemblance, la citation d'un fleuve fixe la pensée sur les lieux dont il parle, et nous montre que le narrateur n'est qu'exact et fidèle quand il ébranle si fortement l'imagination par ses tableaux. Les effets du style sont bien en rapport avec le sujet.

« On ose à peine les regarder de la cime des rochers sur lesquels on marche en tremblant, par des
sentiers étroits, glissants et raboteux, où chaque
faux pas entraîne une chute, et d'où l'on voit souvent rouler au fond des abîmes et les hommes et
les bêtes avec toute leur charge. »

Le jeune homme qui connaît le vers pittoresque de Virgile :

Dumosa pendere procul de rupe videbo,

trouvera facilement cette combinaison métaphorique. Le dernier membre de phrase, qui
est le complément terrible de ce tableau, est
bien propre à faire naître mille réflexions dou-
loureuses sur ces abîmes dévorants qui englou-
tissent tout ensemble l'homme et le fidèle
compagnon de ses fatigues et de ses périls : la
phrase est un modèle d'harmonie imitative ; il
semble que l'on entende cette chute pesante des
bêtes de somme.

« Le bruit des torrents, les cris des mourants,
les hennissements des chevaux fatigués et effrayés
étaient horriblement répétés par tous les échos des
bois et des montagnes, et venaient redoubler la
terreur et le tumulte. »

Cette dernière image est un résumé de ce qui
précède. De telles accumulations réussissent
souvent ; cependant l'élève doit être sobre de

pareilles figures ; elles dégénèrent quelquefois
en mauvais goût si elles visent trop à l'effet ;
d'ailleurs de semblables descriptions ne sau-
raient avoir le mérite de la nouveauté ; les anciens en sont remplis, et la richessè de leur
idiome leur donne sur nous une supériorité
incontestable.

« On arriva enfin à une dernière montagne, où
l'on vit avec douleur tant de travaux et d'efforts
prêts à échouer. La sape et la mine avaient renversé tous les rochers qu'on avait pu aborder ou
entamer ; mais que pouvaient elles contre une
seule roche vive, escarpée de tous côtés, impénétrable au fer, presque inaccessible aux hommes ? »

Cette première phrase est un chef-d'œuvre
d'adresse oratoire. Après toutes les peintures
précédentes, on ne croyait pas que l'intérêt pût
augmenter, et cependant il redouble, il est à
son comble ; cette dernière montagne appa-
raissant tout à coup comme un écueil invincible, inexpugnable, rendant inutiles toutes
les fatigues précédentes, cette *roche vive, escarpée de toutes parts*, etc., voilà ce qui renouvelle
les périls de l'armée française et la curiosité
inquiète du lecteur. Eh quoi ! se demande-t-on
avec effroi, faudra-t-il que *tant de travaux et
tant d'efforts* viennent *échouer* contre ce dernier obstacle ? L'auteur nous fait partager ses
craintes, ses incertitudes sur le succès ; la pro-

gression des épithètes qu'il donne à cette roche nous fait désespérer. Remarquons le mot *presque*, placé à dessein. Le narrateur annonce que rien n'est inaccessible aux hommes, et surtout aux Français. Ainsi Tite-Live fait dire à Annibal, en parlant de ses soldats : *Nihil pœno militi invium.*

« Navarre, qui l'avait plusieurs fois sondée, commençait à désespérer du succès, lorsque des recherches plus heureuses lui découvrirent une veine plus tendre qu'il suivit avec la dernière précision ; le rocher fut entamé par le milieu, et l'armée, introduite, au bout de huit jours, dans le marquisat de Saluces, admira ce que peuvent l'industrie, l'audace et la persévérance. »

Ce nom historique, placé seul et sans développement, suffirait ponr indiquer à l'élève quel chef servait de guide principal dans ce passage. Pierre de Navarre, général malheureux, mais plein d'expérience, tour à tour au service de Ferdinand et de François, Ier, fut l'inventeur des mines ; c'était un homme nécessaire dans une pareille expédition. Quelle justesse et quel choix dans ces expressions, *lui découvrirent une veine plus tendre, etc.* ; remarquons aussi que l'auteur ne s'étend pas sur l'entrée de l'armée dans le marquisat de Saluces. On ne pouvait mieux se résumer en terminant ; trois mots récapitulent tout ce qui précède. En effet, dans toute entreprise, l'industrie commence, l'audace poursuit, et la persévérance achève; c'est le cas de rappeler ici : *Labor omnia vincit improbus.*

Passage des Alpes par François Ier.

On part; un détachement reste et se fait voir sur le mont Cenis et sur le mont Genèvre, pour inquiéter les Suisses et leur faire craindre une attaque. Le reste de l'armée passe à pied la Durance, et s'engage dans les montagnes, du côté de Guillestre; trois mille pionniers la précèdent. Le fer et le feu lui ouvrent une route difficile et périlleuse à travers des rochers; on remplit des vides immenses avec des fascines et de gros arbres; on bâtit des ponts de communication ; on traîne, à force d'épaules et de bras, l'artillerie dans quelques endroits inaccessibles aux bêtes de somme : les soldats aident les pionniers; les officiers aident les soldats; tous indistinctement manient la pioche et la cognée, poussent aux roues, tirent les cordages; on gravit sur les montagnes; on fait des efforts plus qu'humains; on brave la mort qui semble ouvrir mille tombeaux dans ces vallées profondes que l'Argentière arrose, et où des torrents de glaces et de neiges fondues par le soleil se précipitent avec un fracas épouvantable. On ose à peine les regarder de la cime des rochers sur lesquels on marche en tremblant par des sentiers étroits, glissants et raboteux, où chaque faux pas entraîne une chute, et d'où l'on voit souvent rouler au fond des abîmes et les hommes et les bêtes, avec toute leur charge. Le bruit des torrents, les cris des mourants, les hennissements des chevaux fatigués et effrayés, étaient horriblement répétés par tous les échos des bois et des montagnes, et venaient redoubler la terreur et le tumulte.

On arriva enfin à une dernière montagne où l'on vit avec douleur tant de travaux et tant d'efforts prêts à échouer. La sape et la mine avaient renversé tous les rochers qu'on avait pu aborder ou entamer; mais que pouvaient-elles contre une seule roche vive, escarpée de tous côtés, impénétrable au fer, presque inaccessible aux hommes? Navarre, qui l'avait plusieurs fois sondée, commençait à désespérer du succès, lorsque des recherches plus heureuses lui découvrirent une veine plus tendre qu'il suivit avec la dernière précision; le rocher fut entamé par le milieu, et l'armée, introduite au bout de huit jours dans le marquisat de Saluces, admira ce que peuvent l'industrie, l'audace et la persévérance.

(GAILLARD.)

CHAPITRE IV.

*Analyse et développement de la fuite de Xerxès,
dans Justin.*

Justin, abréviateur de Trogue-Pompée, ne
nous offre pas dans ses récits la même abondance de détails que Tite-Live, ni des réflexions aussi fortes que Tacite ; ses narrations sont plus à la portée des commençants ;
il n'y fait entrer que les idées principales,
et les développements rigoureusement nécessaires : c'est ce qui nous a fait commencer nos
analyses latines par une de cet historien, comme
étant celui de tous qui présente les modèles les
plus faciles ; réduisons la fuite de Xerxès à ce
qu'on appelle, dans les classes, *sujet* ou *matière*.

Fuite de Xerxès.

« Adventante Xerxe, consulentibus Delphis oraculum responsum fuerat, salutem muris ligneis
tuerentur Athenienses. Themistocles navium præsidium demonstratum ratus, persuadet omnibus
patriam municipes esse, non mœnia ; melius itaque
salutem navibus quam urbi commissuros ; hujus
sententiæ etiam deum auctorem esse. Probato
consilio, conjuges liberosque, cum pretiosissimis
rebus, abditis insulis demandant : ipsi naves conscendunt. Exemplum Atheniensium et aliæ urbes
imitantur. Itaque quum sociorum classis angustias
Salaminii freti occupasset, dissensio inter civitatum

principes oritur ; qui quum, deserto bello, ad sua
tuenda dilabi vellent, timens Themistocles ne discessu sociorum vires minuerentur, per servum
Xerxi nuntiat, uno in loco eum contractam Græciam capere facillime posse. Hoc dolo impellit regem signum pugnæ dare. Græci quoque, adventu
hostium occupati, prælium, collatis viribus, capessunt. Interea rex cum parte navium in littore remanet. Artemisia autem, regina Halicarnassi, quæ
in auxilium Xerxi venerat, inter primos duces
bellum acerrime ciebat. Quum anceps prælium
esset, Iones, juxta præceptum Themistoclis, pugnæ se paulatim subtrahere cœperunt; quorum
defectio animos ceterorum fregit. Itaque Persæ in
fugam vertuntur.

« Xerxem Mardonius aggreditur ; hortatur in
regnum abeat, ne quid seditionis moveat fama
adversi belli; sibi trecenta millia armatorum lecta
relinquat. Probato consilio, reliquas copias rex
ipse reducere in regnum parat. Sed Græci, audita
regis fuga, consilium ineunt pontis interrumpendi
quem ille Abydo fecerat. Sed Themistocles, timens ne interclusi hostes desperationem in virtutem verterent, Xerxem certiorem consilii facit.
Ille, perculsus nuntio, cum paucis Abydon contendit. Ubi quum solutum pontem hybernis tempestatibus offendisset, piscatoria scapha trajecit. Nec
pedestribus copiis, quas ducibus assignaverat,
felicius iter fuit, siquidem quotidiano labori etiam
fames accesserat ; inopia contraxerat pestem,
tantaque fœditas morientium fuit, ut alites et
bestiæ exercitum sequerentur. »

Cette matière est longue sans doute ; cependant elle ne présente que les circonstances principales de la défaite et de la fuite de Xerxès. Elle est telle qu'on la donnerait à des commençants : il faut les habituer insensiblement à amplifier leur sujet ; le choix et l'ordre des narrations du recueil de M. Vendel-Heyl [1] sont bien propres à les initier graduellement aux secrets de la composition. Supposons donc qu'ils aient à traiter cette matière ; ils n'auront, comme nous allons le voir, à ajouter que quelques épithètes et des oppositions qui doivent toujours naître des circonstances ; à tirer des faits les réflexions fournies par la position des personnages [2].

« 1° Adventante **Xerxe**, consulentibus Delphis oraculum responsum fuerat, salutem muris ligneis tuerentur Athenienses. Themistocles, navium præsidium demonstratum ratus, persuadet omnibus patriam municipes esse, non mœnia ; *civitatemque non in ædificiis sed in civibus positam* ; melius itaque salutem navibus quam urbi commissuros ; hujus sententiæ etiam deum auctorem esse. »

Une phrase seule, développement et complément d'une idée, a été ajoutée.

1. Narrationes collectæ e scriptoribus latinis, accurante L. A. Vendel-Heyl ; 1 vol. in-12, chez J. Delalain.
2. Nous avons divisé ce récit en plusieurs points, et nous avons mis en caractères italiques ce qui est ajouté à la matière.

« 2° Probato consilio, conjuges liberosque, cum pretiosissimis rebus, abditis insulis, *relicta urbe*, demandant : ipsi naves *armati* conscendunt. Exemplum Atheniensium et aliæ urbes imitatæ. Itaque quum *adunata omnis* sociorum classis, *et intenta in bellum navale esset*, angustiasque Salaminii freti, *ne circumveniri a multitudine posset*, occupassent ; dissensio inter civitatum principes oritur. Qui quum, deserto bello, ad sua tuenda dilabi vellent, timens Themistocles ne discessu sociorum vires minuerentur, per servum *fidum* Xerxi nuntiat, uno in loco eum contractam Græciam capere facillime posse : *quod si civitates, quæ jam abire vellent, dissipentur, majore labore ei singulas consectandas.* »

Ici sont ajoutées à la matière des épithètes, des conséquences, et enfin une dernière phrase en opposition à celle qui la précède, et amenée nécessairement par celle-ci.

« 3° Hoc dolo impellit regem signum pugnæ dare. Græci quoque, adventu hostium occupati, prælium, collatis viribus, capessunt. Interea rex, *velut spectator pugnæ*, cum parte navium in littore remanet. Artemisia autem, regina Halicarnassi, quæ in auxilium Xerxi venerat, inter primos duces bellum acerrime ciebat. *Quippe, ut in viro muliebrem timorem, ita in muliere virilem audaciam cerneres.* Quum anceps prælium esset, Iones, juxta præceptum Themistoclis, pugnæ se paulatim subtrahere cœperunt : quorum defectio animos ceterorum fregit. Itaque *circumspicientes*

fugam pelluntur Persæ, et mox, prælio victi, in
fugam vertuntur. *In qua trepidatione multæ captæ
naves, multæ mersæ; plures tamen, non minus
sævitiam regis quam hostem timentes, domum dilabuntur.* »

Dans ce troisième point les élèves auront dû
trouver la belle opposition de la lâcheté de
Xerxès et de la belle conduite de cette reine
d'Halicarnasse, qu'aucun des généraux ne sur-
passait en courage et n'égalait en prudence,
qui avait suivi le roi sans y être forcée, et lui
disait la vérité sans craindre de lui déplaire;
elle l'avait dissuadé d'engager le combat de Salamine, ajoutant à ses avis ces paroles : « Vous
êtes, seigneur, le meilleur des maîtres, mais
vous avez de fort mauvais serviteurs. » On sent
de quelle nécessité il est de bien connaître ces
détails historiques, pour peindre avec énergie et
vérité le caractère des personnages qu'on met
en scène; nous devons supposer les élèves au
courant de tous ces détails. Je ne dis pas qu'il
faille les faire entrer toujours dans le récit; ils
en ralentiraient quelquefois la marche : c'est
par une épithète, par une simple allusion que
l'élève doit prouver qu'il possède bien son
sujet. Les détails de la fuite doivent aussi être
trouvés par lui; c'est une fuite de vaisseaux, et
par conséquent les uns sont pris, les autres
coulés, et quelques-uns échappent à la poursuite
du vainqueur.

« 4° *Hac clade perculsum et dubium consilii*
Xerxem Mardonius aggreditur. Hortatur in regnum abeat, ne quid seditionis moveat fama adversi
belli, *in majus, sicuti mos est, omnia extollens :*
sibi trecenta millia armatorum lecta *ex omnibus
copiis* relinquat , *qua manu aut cum gloria ejus
perdomiturum se Græciam , aut, si aliter eventus
ferat, sine ejusdem infamia hostibus cessurum.* Probato consilio, Mardonio exercitus traditur : reliquas copias rex ipse reducere in regnum parat.
Sed Græci, audita regis fuga, consilium ineunt
pontis interrumpendi, quem ille Abydo, *veluti
victor maris, fecerat, ut, intercluso reditu, aut cum
exercitu deleretur, aut, desperatione rerum, pacem
victus petere cogeretur.* Sed Themistocles timens
ne interclusi hostes desperationem in virtutem
verterent, *et iter quod aliter non pateret, ferro
patefacerent, satis multos hostes in Græcia rema-
nere dictitans , nec augeri numerum retinendo
oportere , quum vincere consilio ceteros non posset,
eumdem servum ad Xerxem mittit,* certioremque
consilii facit, *et occupare transitum maturata fuga
jubet.* »

On sent bien que le développement de la re-
nommée ne doit pas être indiqué, non plus que
l'état d'anxiété de Xerxès. Les élèves doivent,
sinon trouver le dilemme de Mardonius, du
moins donner les motifs de sa proposition ; le
trait qui peint le fol orgueil du prince qui avait
fait battre de verges et enchaîner la mer peut
ne pas leur venir à l'esprit, mais il ne doit pas

être donné ; il prépare la belle opposition de la fuite du roi. L'objection de Thémistocle, qui rappelle le vers de Virgile,

Una salus victis nullam sperare salutem,

doit fournir les développements qui suivent ; le général athénien est, comme on le voit, conséquent dans sa conduite.

« Ille , perculsus nuntio , *tradit ducibus milites perducendos* ; ipse cum paucis Abydon contendit ; ubi, quum solutum pontem hybernis tempestatibus offendisset, piscatoria scapha *trepidus* trajecit. *Erat res spectaculo digna et æstimatione sortis humanæ, rerum varietate miranda, in exiguo latentem videre navigio quem paulo ante vix æquor omne capiebat ; carentem etiam omni servorum ministerio, cujus exercitus propter multitudinem terris graves erant.* »

C'est ici la partie morale de la narration ; le sort de ce malheureux prince, naguère si puissant et si fier des forces innombrables qu'il traînait à sa suite, réduit à traverser la mer dans une barque de pêcheur, amène naturellement les réflexions de l'auteur sur l'instabilité des choses humaines ; Justin nous donne la mesure convenable de cette sorte de réflexions, et la véritable manière de les présenter : c'est un tableau qu'il nous met sous les yeux ; il ne cesse pas d'être dramatique. Peut-être que cette

* 4

indication ne serait pas donnée dans une matière ; tant les pensées naissent du fond même
du sujet. On peut rapprocher de ce passage le
morceau de Juvénal dans la dixième satire :

> Mors sola fatetur,
> Quantula sint hominum corpuscula ! Creditur olim
> Velificatus Athos. . . . . .

« Nec pedestribus copiis quas ducibus assignaverat felicius iter fuit : siquidem quotidiano labori
(neque enim ulla est metuentibus quies) etiam
fames accesserat. *Multorum deinde dierum* inopia
contraxerat et pestem, tantaque fœditas morientium fuit, *ut viæ cadaveribus implerentur*, alitesque et bestiæ. *escæ illecebris sollicitatæ*, exercitum
sequerentur. »

On conçoit facilement que le sort de l'armée
confiée aux généraux ne devait pas être plus
heureux que celui de Xerxès ; la réflexion,
neque enim ulla est metuentibus quies, est bien
juste : elle nous donne la cause des fatigues et
de l'épuisement de ces soldats auxquels la
crainte d'être surpris par l'ennemi ne laissait
aucun instant de repos. Tous les maux qui accompagnent la déroute et la famine ne sont
qu'indiqués ; mais l'historien termine son
récit par une idée triste et pénible qui nous
montre les suites et le terme ordinaire de la
vanité humaine.

Fuite de Xerxès.

« Adventante Xerxe, consulentibus Delphis oraculum responsum fuerat, salutem muris ligneis tuerentur Athenienses. Themistocles, navium præsidium demonstratum ratus, persuadet omnibus patriam municipes esse, non mœnia; civitatemque non in ædificiis, sed in civibus positam; melius itaque salutem navibus, quam urbi commissuros; hujus sententiæ etiam deum auctorem esse. Probato consilio, conjuges liberosque, cum pretiosissimis rebus, abditis insulis, relicta urbe, demandant : ipsi naves armati conscendunt. Exemplum Atheniensium et aliæ urbes imitatæ. Itaque quum adunata omnis sociorum classis, et intenta in bellum navale esset, angustiasque Salaminii freti, ne circumveniri a multitudine posset, occupassent ; dissensio inter civitatum principes oritur. Qui quum, deserto bello, ad sua tuenda dilabi vellent, timens Themistocles ne discessu sociorum vires minuerentur, per servum fidum Xerxi nuntiat, uno in loco eum contractam Græciam capere facillime posse : quod si civitates, quæ jam abire vellent, dissipentur, majore labore ei singulas consectandas. Hoc dolo impellit regem signum pugnæ dare. Græci quoque, adventu hostium occupati, prælium, collatis viribus, capessunt. Interea rex, velut spectator pugnæ, cum parte navium in littore remanet. Artemisia autem, regina Halicarnassi, quæ in auxilium Xerxi venerat, inter primos duces bellum acerrime ciebat; quippe, ut in viro muliebrem timorem, ita in mu-

liere virilem audaciam cerneres. Quum anceps
prælium esset, Iones, juxta præceptum Themistoclis, pugnæ se paulatim subtrahere cœperunt :
quorum defectio animos ceterorum fregit. Itaque
circumspicientes fugam pelluntur Persæ, et mox,
prælio victi, in fugam vertuntur. In qua trepidatione multæ captæ naves, multæ mersæ; plures
tamen, non minus sævitiam regis quam hostem
mentes, domum dilabuntur.

Hac clade perculsum et dubium consilii Xerxem Mardonius aggreditur. Hortatur in regnum
abeat, ne quid seditionis moveat fama adversi
belli, in majus, sicuti mos est, omnia extollens : sibi
trecenta millia armatorum lecta ex omnibus copiis
relinquat, qua manu aut cum gloria ejus perdomiturum se Græciam, aut, si aliter eventus ferat,
sine ejusdem infamia hostibus cessurum. Probato
consilio, Mardonio exercitus traditur : reliquas
copias rex ipse reducere in regnum parat. Sed
Græci, audita regis fuga, consilium ineunt pontis
interrumpendi, quem ille Abydo, veluti victor
maris, fecerat, ut, intercluso reditu, aut cum exercitu deleretur, aut, desperatione rerum, pacem
victus petere cogeretur. Sed Themistocles timens
ne interclusi hostes desperationem in virtutem
verterent, et iter, quod aliter non pateret, ferro
patefacerent, satis multos hostes in Græcia rema-
nere dictitans, nec augeri numerum retinendo
oportere, quum vincere consilio ceteros non posset, eumdem servum ad Xerxem mittit, certioremque consilii facit, et occupare transitum maturata fuga jubet. Ille, perculsus nuntio, tradit

ducibus milites perducendos; ipse cum paucis
Abydon contendit; ubi, quum solutum pontem hybernis tempestatibus offendisset, piscatoria scapha
trepidus trajecit. Erat res spectaculo digna, et
æstimatione sortis humanæ, rerum varietate miranda, in exiguo latentem videre navigio, quem
paulo ante vix æquor omne capiebat, carentem
etiam omni servorum ministerio, cujus exercitus
propter multitudinem terris graves erant. Nec
pedestribus copiis, quas ducibus assignaverat,
felicius iter fuit : siquidem quotidiano labori (neque enim ulla est metuentibus quies) etiam fames
accesserat. Multorum deinde dierum inopia contraxerat et pestem, tantaque fœditas morientium
fuit, ut viæ cadaveribus implerentur, alitesque et
bestiæ, escæ illecebris sollicitatæ, exercitum sequerentur. »   (Just., lib. II.)

CHAPITRE V.

*Analyse et développement de la condamnation
et du supplice de Titus Manlius, dans Tite-
Live* [1].

Contre l'avis de Montesquieu, j'ai dit, dans
ce traité, que Tite-Live était peut-être de tous
les historiens, celui qui s'identifiait le mieux
avec ses personnages, et qui reproduisait le plus
exactement, dans ses récits, la couleur locale
et l'exactitude des caractères : je vais essayer
de justifier cette assertion par l'analyse suivante.

Ce trait d'un père condamnant son fils vainqueur, est tristement célèbre dans les annales
de la république romaine. On excuse, on plaint
le premier des Brutus ; mais Manlius inspire
une juste horreur.

Sous l'heureux Octave, qui menait douce-
ment à la servitude, les lois romaines perdaient
chaque jour quelque chose de leur férocité
primitive ; ce fanatisme de discipline militaire
ne pouvait plus trouver d'enthousiastes, et Virgile, le sage Virgile lui-même, a pris soin de le
flétrir de son indignation, lorsqu'il nous repré-

1. Je n'ai pas réduit cette narration à la matière comme
la précédente, parce que je suppose que les élèves, après
avoir fait par écrit un semblable travail, le font ensuite de
tête, et s'occupent davantage du développement oratoire.

sente l'inflexible consul déployant toute la rigueur des faisceaux et de la hache.

> . . . . `Sævumque securi
> Aspice Torquatum. . . . .

Contemporain d'Auguste, de Virgile, et de
cet Horace qui fut si bon poëte et si mauvais
soldat, Tite-Live, malgré le surnom de *Pompéien*
que lui donnait l'empereur, partageait toutes
les idées de son siècle ; il désapprouvait donc
hautement l'action de Manlius ; mais historien
véridique et impartial, fidèle aux mœurs et aux
traditions anciennes, il se contente de peindre
l'effroi que produisit dans le temps le supplice
du jeune héros ; et, sans se permettre aucune
réflexion, il nous montre la postérité ratifiant,
à l'égard du père, l'arrêt des contemporains.

Condamnation et supplice de Titus Manlius.

« Forte inter ceteros turmarum præfectos, qui
exploratum in omnes partes dimissi erant, T.
Manlius, consulis filius, super castra hostium
cum suis turmalibus evasit, ita ut vix teli jactu
ab statione proxima abesset; ibi Tusculani erant
equites : præerat Geminius Metius, vir tum ge-
nere inter suos, tum factis, clarus. •

Dès le début, nous sommes sur le lieu de la
scène; nous voyons la position respective des
deux camps, et le fils du consul occupant avec
sa cavalerie un poste avancé : première circonstance bien propre à lui concilier l'intérêt.

Ce qui doublera la gloire de l'infortuné vainqueur, c'est que son rival est digne de lui ; Métius a de la naissance, de la bravoure : progression judicieuse ; combien de nobles, même à Rome, dédaignèrent d'ajouter leurs propres exploits à ceux de leurs ancêtres.

« Is, ubi romanos equites, insignemque inter eos præcedentem consulis filium (nam omnes inter se, utique illustres viri, noti erant) cognovit : « Unane, ait, turma Romani cum Latinis sociisque bellum gesturi estis ? Quid interea consules, quid duo exercitus consulares agent? »

Il n'est pas difficile à Métius de reconnaître le fils du consul ; il est remarquable par l'éclat de ses armes : il devance tous les autres ; les anciens guerriers étaient surtout jaloux de se faire distinguer dans la mêlée par quelque attribut particulier : Homère et Virgile les signalent ainsi ; la réflexion de l'auteur trouve ici justement sa place. Les Romains et les Latins ne formaient naguère qu'un seul et même peuple ; leurs chefs les plus illustres devaient se connaître entre eux ; de pareils traits, qui pourraient paraître indifférents, contribuent à donner au sujet une couleur locale. *Quid interea consules agent,* rappelle l'apostrophe ironique de Pharasmane à Rhadamiste, dans Crébillon.

Que font vos légions ? Ces superbes vainqueurs
Ne combattent-ils plus que par ambassadeurs ?

« Aderunt in tempore , Manlius inquit, et cum
illis aderit Jupiter ipse, fœderum a vobis violatorum testis, qui plus potest polletque. Si, ad Regillum lacum , ad satietatem vestram pugnavimus,
hic quoque efficiemus profecto ne nimis acies vobis et collata signa nobiscum cordi sint. » Ad
ea Geminius, paululum ab suis equo provectus :
« Visne igitur, dum dies ista venit, qua magno
conatu exercitum moveatis, interea tu ipse congredi mecum, ut nostro duorum hinc eventu
cernatur, quantum eques latinus romano præstet ? »

Nous avons dit, dans la première partie de
cet ouvrage, que le discours direct introduit
dans la narration en faisait souvent un tableau
animé ; c'est ce que nous prouvent la réponse
de Manlius à son adversaire, et le défi de ce dernier. Ce dialogue réunit à la vivacité et à l'éclat
des couleurs, le mérite des contrastes. Le Latin
emploie l'ironie et l'insulte, le Romain défend
avec chaleur et noblesse l'inaction des consuls
et des deux armées consulaires, puisqu'il montre
les dieux supérieurs aux hommes, et Jupiter
vengeur des traités violés. On ne saurait pous-
ser plus loin la vérité des mœurs et des caractères : qu'il est touchant ce jeune Manlius invo-
quant les dieux au moment même où il aura à
se plaindre de la rigueur des hommes !
Cependant Manlius ne se contente pas d'in-
voquer les dieux : aux vaines rodomontades de

son agresseur, il oppose un fait récent, la sanglante défaite de Régille, jour à jamais désas-
treux pour les Latins. L'expression *ad satietatem* est pleine d'énergie ; et plus la suivante, *ne
nimis cordi sint*, paraît modeste et mesurée,
plus, dans le génie de la langue latine, elle est
forte et mordante. Le fier Géminius, vivement
piqué, s'écarte des siens et provoque son rival,
toujours avec une ironie amère, pour être fidèle
à son caractère altier et insultant.

« Movet ferocem animum juvenis, seu ira,
seu detrectandi certaminis pudor, seu inexsuperabilis vis fati ; oblitus itaque imperii patrii, consulumque edicti, præceps ad id certamen agitur,
quo vinceret an vinceretur, haud multum interesset. »

Tous les mots qui commencent cette phrase
font effet : le présent met le tableau sous les
yeux ; le Romain est jeune, fier, du sang des
Manlius, qui ne souffrirent jamais d'outrage.
Avec quel art l'auteur rassemble tous les motifs capables de diminuer la faute du guerrier !
quelle honte c'eût été pour le fils de Torquatus,
s'il eût refusé ce combat ! quelle tache pour le
surnom glorieux de son père ! Remarquons
aussi le dernier trait qui excuse Manlius :
inexsuperabilis vis fati. Cette idée pénible, que
nul ne saurait fuir son sort, ne peut convenablement trouver place que dans les sujets grecs
ou latins.

Malgré l'intérêt que lui inspire Manlius, Tite-Live ne dissimule pas sa double faute ; il désobéit à l'ordre d'un père et à l'édit des consuls. Sans doute, pour s'oublier à ce point, il fallait qu'il fût aveuglé, hors de lui-même ; c'est ce qui est très-bien exprimé par ces mots : *præceps agitur*. La réflexion, qui termine, découle du sujet même ; elle en est comme dépendante, et prévient le dénouement.

« Equitibus ceteris velut ad spectaculum summotis, spatio, quod vacui interjacebat campi, adversos concitant equos; et, quum infestis cuspidibus concurrissent, Manlii cuspis super galeam hostis, Metii trans cervicem elapsa est. Circumactis deinde equis, quum prior ad iterandum ictum Manlius consurrexisset, spiculum inter aures equi fixit. »

Les anciens étaient avides de ces combats singuliers, quand ils avaient lieu entre des chefs de renom. Homère et Virgile nous en fournissent des exemples ; nous n'entrerons pas dans le détail de toutes les beautés dont brille cette description si vive, si pittoresque, si épique ; on peut la rapprocher, quant aux dernières circonstances, du fameux combat d'Énée contre Mézence.

« Ad cujus vulneris sensum quum equus, prioribus pedibus erectis, magna vi caput quateret, excussit equitem : quem cuspide parmaque innixum, attollentem se ab gravi casu, Manlius ab

jugulo, ita ut per costas ferrum emineret, terræ
affixit. »

Ici Tite-Live lutte contre les poëtes ; sa narration est tout en images. Nous avons vu le
sort du coursier de Métius ; celui de son maître
ne sera pas plus heureux ; il y a de l'harmonie
dans le choix et l'arrangement des mots qui
peignent le Latin se relevant d'une chute aussi
terrible. Le verbe *emineret* termine bien ce
tableau d'une effrayante vérité ; enfin nous
pouvons contempler à loisir cet orgueilleux
Métius étendu sur la poussière, et portant la
peine de son défi : sa mort ne sera que trop tôt
vengée.

« Spoliisque lectis , ad suos revectus , cum
ovante gaudio turma in castra atque inde ad prætorium , ad patrem tendit : ignarus fati futurique,
laus an pœna merita esset. « Ut me omnes , inquit, pater , tuo sanguine ortum vere ferrent,
provocatus equestria hæc spolia capta ex hoste
cæso porto. »

Voyez comme le vainqueur presse son retour :
à peine se donne-t-il le temps de recueillir,
suivant l'usage militaire de cette époque, les
dépouilles de l'ennemi terrassé ; l'escadron romain participe au triomphe de son vaillant
chef ; celui-ci s'avance droit au camp, à la tente
du général, du consul , de son père. Cette progression est terrible : chaque pas de Manlius

est un pas vers la mort ; plus il se hâte d'arriver jusqu'à son père plus il s'approche de son
bourreau : tel est l'effet du rejet *ad patrem.* Les
paroles de Manlius, en abordant le consul,
n'auraient-elles par dû désarmer sa sévérité ?
Elles lui rappelaient sa victoire sur l'insolent
Gaulois qui le provoqua naguère, comme Géminius venait de provoquer son fils ; Torquatus
revivait tout entier dans cet exploit de son digne
rejeton : cependant il demeura inexorable. Qu'il
sut mieux concilier les intérêts de la discipline
avec ceux de la gloire, ce dictateur Papirius
qui condamna d'abord, pour l'exemple, son
général de cavalerie, mais après lui pardonna,
et le présenta à l'armée comme un modèle de
courage ! Notre histoire offre plus d'un trait
semblable d'équité militaire.

« Quod ubi audivit consul, extemplo, filium
aversatus, concionem classico advocari jussit ;
quæ ubi frequens convenit : »

Admirable précision ! le père disparaît, le
consul reste. De là ces regards qui se détournent
d'un fils vainqueur ; il n'éclate pas en repro-
ches, il ne lui adresse aucune parole ; mais quel
silence expressif ! Bientôt les troupes sont con-
voquées par l'ordre du consul ; c'est en présence de toute l'armée que le héros apprendra
son sort. Tous les cœurs sont suspendus entre
la crainte et l'espoir ; on ne saurait mieux mé-

nager l'intérêt, et le discours de Manlius va l'accroître encore, en le différant autant qu'il est possible de le faire.

« Quandoquidem, inquit, tu, T. Manli, neque imperium consulare, neque majestatem patriam veritus, adversus edictum nostrum extra ordinem in hostem pugnasti; et quantum in te fuit disciplinam militarem, qua stetit ad hanc diem romana res, solvisti; meque in eam necessitatem adduxisti, ut aut reipublicæ mihi, aut mei meorumque obliviscendum sit, nos potius nostro delicto plectemur, quam respublica tanto suo damno nostra peccata luat : triste exemplum, sed in posterum salubre, juventuti erimus. Me quidem quum ingenita caritas liberum, tum specimen istud virtutis deceptum vana imagine decoris in te movet ; sed quum aut morte tua sancienda sint consulum imperia, aut impunitate in perpetuum abroganda, ne te quidem, si quid in te nostri sanguinis est, recusare censeam quin disciplinam militarem culpa tua prolapsam, pœna restituas. I, lictor, deliga ad palum. »

Je ne sais si mon admiration pour Tite-Live m'entraîne trop loin ; mais il me semble que ce discours, malgré son peu d'étendue, est le chef-d'œuvre du pathétique et des convenances oratoires. Depuis le premier mot *quandoquidem*, qui fait pressentir la catastrophe, jusqu'à l'ordre décisif donné au licteur, je ne vois qu'une lutte pénible et déchirante entre les affections d'un père dont on a méconnu la majesté, et les devoirs sacrés du consul, du général, du magistrat suprême des camps, du vengeur obligé de la discipline militaire, source de prospérités pour les fils de Mars. Cette grande image de Rome domine tout le tableau. Faudra-t-il, en pardonnant une première faute, sacrifier ses hautes destinées aux tendresses du sang et au cri de la nature ? Cruelle alternative qui met dans la balance, d'un côté la ville immortelle, de l'autre un fils chéri, un héros, un vainqueur, l'idole de toute l'armée. Manlius n'a point à choisir, et cependant qu'il lui en coûte pour prononcer la sentence ! Comme s'il avait besoin de justifier aux yeux de ses contemporains, aux yeux de la postérité, à ses propres yeux même, l'arrêt qu'il va rendre, il multiplie les arguments et les preuves du délit, et montre par-dessus tout Rome à jamais dépossédée du titre d'invincible, si l'indulgence l'emporte. Cette simple apostrophe, *Tu, T. Manli,* en dit plus que des phrases entières : le coupable est Titus Manlius, le fils du consul, celui qui devait le premier donner l'exemple de l'obéissance. Les phrases périodiques ajoutent je ne sais quoi de solennel et de lugubre à ce jugement : *Pugnasti, solvisti, adduxisti.* Titus Manlius récapitule, comme à regret, les nombreux griefs qui existent contre un aussi cher coupable : on dirait que le malheureux père

cherche à reculer l'instant fatal où il faudra
prononcer la peine; il veut en quelque sorte s'y
associer. Ces mots : *Nos potius nostro delicto
plectemur.....* ne laissent pas d'être touchants ;
ils montrent que le juge est ému; qu'il porte
des entrailles de père, et rappellent ce vers
d'Agamemnon.

Du coup qui vous attend vous mourrez moins que moi.

Cette phrase, *me quidem quum ingenita caritas,* etc., jetée adroitement entre l'acte d'ac-
cusation et la condamnation elle-même, dimi-
nue l'odieux du ministère exercé par Manlius ;
elle est comme un dernier tribut payé par le
consul aux faiblesses de la nature. Mais l'intérêt de la république l'emporte, et l'appel au
licteur est la terrible conclusion de ce discours.

« Exanimati omnes tam atroci imperio, nec
aliter quam in se quisque districtam cernentes
securim, metu magis quam modestia quievere.
Itaque, velut emerso ab admiratione animo, quum
silentio defixi stetissent, repente postquam, cervice cæsa, fusus est cruor, tum libero conquestu
coortæ voces sunt, ut neque lamentis neque
exsecrationibus parceretur, spoliisque contectum
juvenis corpus, quantum militaribus studiis funus
ullum concelebrari potest, structo extra vallum
rogo, cremaretur, MANLIANAQUE IMPERIA non in
præsentia modo horrenda, sed exempli etiam
tristis in posterum essent. »

La dernière partie de cette narration est con-

sacrée à peindre l'expression profonde que
produit sur toute l'armée l'ordre atroce du
consul; les soldats en perdent jusqu'au sentiment de l'existence, *exanimati;* chacun s'imagine voir la hache suspendue sur sa tête. Toutes
les expressions sont énergiques, et la teinte du
style devient plus sombre à mesure que l'auteur
approche du dénouement de cette sanglante tra-
gédie. Le morne silence qui règne est plutôt
l'effet de l'horreur et de l'anéantissement que
du respect qu'inspire l'autorité consulaire :
cette réflexion est pleine de justesse.

L'historien s'est étendu avec plaisir sur les
circonstances du combat et de la victoire de
Manlius; il ne suivra pas la même marche pour
décrire son supplice. L'âme profondément
émue du lecteur se détournerait d'un tel tableau, et la plume elle-même se refuserait à le
retracer. Quelques mots annoncent que le sacrifice est consommé : *Postquam, cervice cœsa,
fusus est cruor.* C'est un effet de l'art, fondé
sur la connaissance du cœur humain, de n'a-
voir pas détaillé le supplice. A peine Manlius
a-t-il cessé de vivre, que la crainte disparaît,
et que la douleur éclate librement; on n'é-
pargne pas les imprécations contre le consul,
et le tribut sincère de regrets que paye toute
l'armée en deuil aux mânes du jeune héros,
l'a déjà vengé de la rigueur de son trépas;
mais c'est trop peu pour sa mémoire, il faut

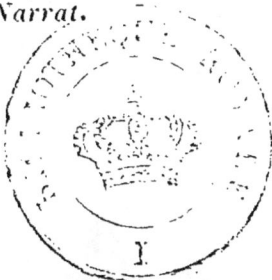

que les dépouilles de l'ennemi terrassé lui servent de dernière parure; ainsi ses compagnons
d'armes, faisant illusion à leur douleur, croi-
ront l'avoir enseveli dans son triomphe : voilà
les plus nobles funérailles qu'ils puissent célé-
brer en son honneur. Quant au consul impi-
toyable qui a pu oublier qu'il était père, ses
ordres barbares serviront désormais à désigner
tout ce que le commandement militaire a de plus
rigoureux dans son exécution; non-seulement
les contemporains auront en horreur de tels
décrets, *manliana imperia*; mais la postérité
elle-même les regardera comme d'un exemple
funeste.

On ne pouvait terminer d'une manière plus
dramatique; Manlius reste comme suspendu
entre la double condamnation du présent et de
l'avenir.

Titus Manlius condamne son fils à mort.

Forte inter ceteros turmarum præfectos, qui
exploratum in omnes partes dimissi erant, T.
Manlius, consulis filius, supra castra hostium
cum suis turmalibus evasit, ita ut vix teli jactu
ab statione proxima abesset : ibi tusculani erant
equites : præerat Geminius Metius, vir tum ge-
nere inter suos, tum factis clarus. Is ubi romanos equites insignemque inter eos præcedentem
consulis filium (nam omnes inter se, utique
illustres, viri noti erant) cognovit : « Unane,

ait, turma Romani cum Latinis sociisque bellum gesturi estis? quid interea consules, quid
duo exercitus consulares agent? — Aderunt
in tempore, Manlius inquit; et cum illis aderit
Jupiter ipse fœderum a vobis violatorum testis,
qui plus potest polletque. Si, ad Regillum lacum,
ad satietatem vestram pugnavimus, hic quoque
efficiemus profecto ne nimis acies vobis et collata
signa nobiscum cordi sint. » Ad ea Geminius paululum ab suis equo provectus : « Visne igitur,
dum dies ista venit, qua magno conatu exercitus
moveatis, interea tu ipse congredi mecum, ut
nostro duorum jam hinc eventu cernatur, quantum eques latinus romano præstet? » Movet ferocem animum juvenis, seu ira, seu detrectandi
certaminis pudor, seu inexsuperabilis vis fati :
oblitus itaque imperii patrii, consulumque edicti,
præceps ad id certamen agitur, quo vinceret an
vinceretur, haud multum interesset; equitibus
ceteris velut ad spectaculum summotis, spatio
quod vacui interjacebat campi, adversos concitant
equos, et, quum infestis cuspidibus concurrissent,
Manlii cuspis super galeam hostis, Metii trans
cervicem equi elapsa est. Circumactis deinde equis,
quum prior ad iterandum ictum Manlius consurrexisset, spiculum inter aures equi fixit : ad cujus
vulneris sensum quum equus, prioribus pedibus
erectis, magna vi caput quateret, excussit equitem : quem cuspide parmaque innixum, attollentem se ab gravi casu, Manlius ab jugulo, ita ut
per costas ferrum emineret terræ affixit; spoliisque lectis, ad suos revectus, cum ovante gaudio

turma in castra atque inde ad prætorium, ad patrem tendit : ignarus fati futurique, laus an pœna
merita esset. « Ut me omnes, inquit, pater, tuo
sanguine ortum vere ferrent, provocatus equestria
hæc spolia capta ex hoste cæso porto. » Quod ubi
audivit consul, extemplo filium aversatus, concionem classico advocari jussit; quæ ubi frequens
convenit : « Quandoquidem, inquit, tu, T. Manli,
neque imperium consulare, neque majestatem
patriam veritus, adversus edictum nostrum extra
ordinem in hostem pugnasti; et quantum in te
fuit disciplinam militarem, qua stetit ad hanc
diem romana res, solvisti; meque in eam necessitatem adduxisti, ut aut reipublicæ mihi, aut mei
meorumque obliviscendum sit; nos potius nostro
delicto plectemur, quam respublica tanto suo
damno nostra peccata luat: triste exemplum, sed
in posterum salubre juventuti erimus. Me quidem
quum ingenita caritas liberorum, tum specimen
istud virtutis deceptum vana imagine decoris in
te movet. Sed quum aut morte tua sancienda
sint consulum imperia, aut impunitate in perpetuum abroganda; ne te quidem, si quid in te
nostri sanguinis est, recusare censeam, quin disciplinam militarem culpa tua prolapsam, pœna
restituas. I, lictor, deliga ad palum. » Exanimati
omnes tam atroci imperio, nec aliter quam in se
quisque districtam cernentes securim, metu magis
quam modestia quievere. Itaque, velut emerso ab
admiratione animo, quum silentio defixi stetissent,
repente postquam, cervice cæsa, fusus est cruor,
tum libero conquestu coortæ voces sunt, ut neque

lamentis neque exsecrationibus parceretur, spoliisque contectum juvenis corpus, quantum militaribus studiis funus ullum concelebrari potest,
structo extra vallum rogo, cremaretur, MANLIA-
NAQUE IMPERIA non in præsentia modo horrenda,
sed exempli etiam tristis in posterum essent.

(TIT.-LIV., lib. VIII.)

TROISIÈME PARTIE.

CHAPITRE PREMIER.

IDÉE GÉNÉRALE DES FIGURES.

Presque tout est figuré dans la partie morale et métaphysique des langues, a dit Marmontel ; et comme le bourgeois gentilhomme faisait de la prose sans le savoir, sans le savoir aussi, et sans nous en apercevoir, nous faisons continuellement des figures de mots et des figures de pensées.

Les figures sont si loin, comme on l'a prétendu, d'être des manières de parler éloignées de celles qui sont naturelles et ordinaires, qu'il n'y a rien de si naturel, de si ordinaire dans le langage des hommes. Aussi Du Marsais a-t-il observé avec raison qu'il s'en faisait plus en un seul jour de marché à la halle, qu'il ne s'en fait en plusieurs jours d'assemblées académiques.

Hors un petit nombre de figures réservées pour le style élevé, les autres se trouvent sans cesse dans le style le plus simple, et dans le langage le plus commun.

Qu'est-ce donc que les figures? Ce mot se prend ici lui-même dans un sens figuré : c'est une métaphore. *Figure*, dans le sens propre, est la forme extérieure d'un corps. Tous les corps sont étendus ; mais outre cette propriété générale d'être étendus, ils ont encore chacun leur figure et leur forme particulière, qui fait que chaque corps paraît à nos yeux différent d'un autre corps : il en est de même des expressions figurées ; elles font d'abord connaître ce qu'on pense ; elles ont d'abord cette propriété générale qui convient à toutes les phrases et à tous les assemblages de mots, et qui consiste à signifier quelque chose, en vertu de la construction grammaticale ; mais de plus, les expressions figurées ont encore une modification particulière qui leur est propre, et c'est en vertu de cette modification particulière que l'on fait une espèce à part de chaque figure.

ARTICLE I.

Division des Figures.

On divise les figures en *figures de pensées*, et en *figures de mots*. Il y a cette différence entre elles, dit Cicéron, que les premières dépendent uniquement du tour de l'imagination ; elles ne consistent que dans la manière particulière de penser ou de sentir, en sorte que la

figure demeure la même, quoiqu'on vienne à
changer les mots qui l'expriment. Ainsi dans
cette prosopopée : « Ce tombeau s'ouvrirait,
ces ossements se rejoindraient pour me dire :
Pourquoi viens-tu mentir pour moi, qui ne
mentis jamais pour personne ? laisse-moi repo-
ser dans le sein de la vérité, et ne viens pas
troubler ma paix par la flatterie que j'ai haïe ; »
de quelque manière que Fléchier eût fait parler M. de Montausier, il aurait fait une prosopopée. Au contraire, les figures de mots sont
telles que si vous changez les mots, la figure
disparaît : par exemple, lorsque, parlant d'une
armée navale, je dis qu'elle était composée de
cent *voiles*, c'est une figure de mots ; *voiles* est
là pour *vaisseaux*. Que je substitue le mot
vaisseaux à celui de *voiles*, j'exprime également ma pensée, mais il n'y a plus de figure.

ARTICLE II.

Division des Figures de mots.

Il y a quatre sortes de figures de mots :
1°. Celles que les grammairiens appellent
figures de diction. Elles s'appliquent aux chan-
gements qui arrivent dans les lettres ou dans
les syllabes : telle est par exemple la syncope,
c'est le retranchement d'une lettre ou d'une
syllabe au milieu d'un mot : *scuta virum* pour
virorum.

2°. Celles qui regardent uniquement la construction : par exemple, lorsqu'Horace, parlant de Cléopâtre, dit : *monstrum quæ*, pour *quod*. Nous disons en français *la plupart des hommes disent*, et non pas *dit*. Cette figure s'appelle *syllepse*.

3°. Il y a quelques figures de mots dans lesquelles les mots conservent leur signification propre. Telle est la *répétition* : Virgile, en parlant de la douleur d'Orphée après la perte d'Eurydice, dit :

Te, dulcis conjux, te solo in littore secum,
Te veniente die, te decedente canebat.

Tendre épouse, c'est toi qu'appelait son amour,
Toi qu'il chantait la nuit, toi qu'il chantait le jour.

DELILLE.

4°. Il y a des figures de mots que l'on appelle *tropes* : par ces figures, les mots prennent des significations différentes de celle qui leur est propre. Ce sont ces figures dont nous allons parler.

ARTICLE III.

Définition des Tropes.

Les *tropes* sont des figures par lesquelles on fait prendre à un mot une signification qui n'est pas précisément la signification propre de ce mot ; ainsi pour entendre ce que c'est qu'un *trope*, il faut commencer par bien comprendre ce que c'est que la signification propre d'un mot.

*5

Ces figures sont appelées *tropes*, du grec
τρόπος, *conversio*, parce qu'on tourne pour
ainsi dire le mot, afin de lui faire signifier ce
qu'il ne signifie point dans le sens propre :
comme quand on dit *voiles* pour vaisseaux.

Il y a dans les tropes une modification ou
une différence générale qui les rend tropes,
et qui les distingue des autres figures : elle
consiste en ce qu'un mot est pris dans une
signification qui n'est pas précisément sa signification propre; mais de plus, chaque trope
diffère d'un autre trope, et cette différence
consiste dans la manière dont un mot s'écarte
de sa signification propre; par exemple : *Il
n'y a plus de Pyrénées*, dit Louis XIV, lorsque son petit-fils le duc d'Anjou, Philippe V,
fut appelé à la couronne d'Espagne. Louis XIV
ne voulait pas dire que les Pyrénées avaient
été abîmées ou anéanties, mais qu'il n'existait
plus de séparation, plus de guerre entre la
France et l'Espagne unies par cette alliance.

ARTICLE IV.

Sens propre; Sens figuré.

Avant d'entrer dans le détail de chaque
trope, il est nécessaire de bien comprendre la
différence qu'il y a entre le sens propre et le
sens figuré.

Un mot est employé dans le discours, ou
dans le sens propre, ou dans le sens figuré,

quel que puisse être le nom que les rhéteurs donnent au sens figuré.

Le sens propre d'un mot, c'est la première signification du mot. Un mot est pris dans le sens propre, lorsqu'il signifie ce pourquoi il a été premièrement établi; par exemple : *Le feu brûle, la lumière nous éclaire;* tous ces mots-là sont dans le sens propre.

Mais quand un mot est pris dans un autre sens, il paraît alors, pour ainsi dire, sous une forme empruntée, sous une figure qui n'est pas sa figure naturelle, c'est-à-dire celle qu'il a eue d'abord; alors on dit que ce mot est au figuré; par exemple : *Le feu de vos yeux, le feu de l'imagination, la lumière de l'esprit, la clarté d'un discours.*

La liaison qu'il y a entre les idées accessoires, je veux dire entre les idées qui ont rapport les unes aux autres, est la source et le principe des divers sens figurés que l'on donne aux mots. Les objets qui font sur nous des impressions, sont toujours accompagnés de différentes circonstances qui nous frappent, et par lesquelles nous désignons souvent, ou les objets même qu'elles n'ont fait qu'accompagner, ou ceux dont elles réveillent en nous le souvenir. Le nom propre de l'idée accessoire est souvent plus présent à l'imagination que l'idée principale, et souvent aussi ces idées accessoires, désignant les objets avec plus de cir-

constances que ne le feraient les noms propres
de ces objets, les peignent ou avec plus d'énergie, ou avec plus d'agrément. De là, le signe
pour la chose signifiée, la cause pour l'effet, la
partie pour le tout, l'antécédent pour le conséquent, et les autres tropes dont je parlerai
dans la suite. Comme l'une de ces idées ne
saurait être réveillée sans exciter l'autre, il
arrive souvent que l'expression figurée est
aussi facilement entendue que si l'on se servait
du mot propre; elle est même ordinairement
plus vive et plus agréable quand elle est employée à propos, parce qu'elle réveille plus
d'une image; elle attache ou amuse l'imagination, et donne aisément à deviner à l'esprit.

ARTICLE V.

Usages et effets des Tropes.

1°. Un des plus fréquents usages des tropes,
c'est de réveiller une idée principale par le
moyen de quelque idée accessoire : c'est ainsi
qu'on dit *cent voiles* pour cent vaisseaux ; *cent
feux* pour cent maisons; *il aime la bouteille*,
c'est-à-dire il aime le vin ; *le fer* pour l'épée,
la plume ou *le style* pour la manière d'écrire,
etc.

2° Les tropes donnent plus d'énergie à nos
expressions. Quand nous sommes vivement

frappés de quelque pensée, nous nous exprimons rarement avec simplicité ; l'objet qui nous occupe se présente à nous avec les idées accessoires qui l'accompagnent ; nous prononçons les noms de ces images qui nous frappent ; ainsi, nous avons naturellement recours aux tropes ; d'où il arrive que nous faisons mieux sentir aux autres ce que nous sentons nous-mêmes : de là viennent ces façons de parler : *il est enflammé de colère ; il est tombé dans une erreur grossière ; flétrir la réputation ; s'enivrer de plaisirs, etc.*

3°. Les tropes ornent le discours. Fléchier, voulant parler de l'instruction qui disposa M. le duc de Montausier à faire abjuration de l'hérésie, au lieu de dire simplement qu'il se fit instruire ; que les ministres de Jésus-Christ lui apprirent les dogmes de la religion catholique, et lui découvrirent les erreurs de l'hérésie, s'exprime en ces termes : « Tombez, tombez, voiles importuns qui lui couvrez la vérité de nos mystères : et vous, prêtres de Jésus-Christ, prenez le glaive de la parole, et coupez sagement jusqu'aux racines de l'erreur que la naissance et l'éducation avaient fait croître dans son âme. Mais par combien de liens était-il retenu ? »

Outre l'apostrophe, figure de pensée qui se trouve dans ces paroles, les tropes en font le principal ornement : *Tombez, voiles, couvrez ;*

*prenez le glaive, coupez jusqu'aux racines;
croître, liens, retenu :* toutes ces expressions
sont autant de tropes qui forment des images
dont l'imagination est agréablement occupée.

4º. Les tropes rendent le discours plus noble : les idées communes auxquelles nous
sommes accoutumés n'excitent point en nous
ce sentiment d'admiration et de surprise qui
élève l'âme : en ces occasions, on a recours
aux idées accessoires, qui prêtent, pour ainsi
dire, des habits plus nobles à ces idées communes. *Tous les hommes meurent également;*
voilà une pensée commune. Horace a dit :

*Pallida Mors æquo pulsat pede pauperum tabernas
Regumque turres.*

On sait la paraphrase simple et naturelle que
Malherbe à faite de ce vers :

*La Mort a des rigueurs à nulle autre pareilles;
On a beau la prier,
La cruelle qu'elle est se bouche les oreilles
Et nous laisse crier.*

*Le pauvre, en sa cabane où le chaume le couvre,
Est sujet à ses lois;
Et la garde qui veille aux barrières du Louvre,
N'en défend pas nos rois.*

5º. Les tropes sont d'un grand usage pour
déguiser des idées dures, désagréables, tristes,
ou contraires à la modestie; on en trouvera
des exemples dans l'article de l'euphémisme
et dans celui de la périphrase.

6°. Enfin, les tropes enrichissent une langue en multipliant l'usage d'un même mot; ils donnent à un mot une signification nouvelle, soit parce qu'on l'unit avec d'autres mots, auxquels souvent il ne se peut joindre dans le sens propre, soit parce qu'on s'en sert par extension et par ressemblance, pour suppléer aux termes qui manquent dans la langue.

CHAPITRE II.

DES TROPES EN PARTICULIER.

ARTICLE I.

La Catachrèse.

(*Abus, Extension ou Imitation.*)

Les langues les plus riches n'ont point un assez grand nombre de mots pour exprimer chaque idée particulière par un terme qui ne soit que le signe propre de cette idée ; ainsi, l'on est souvent obligé d'emprunter le mot propre de quelque autre idée, qui a le plus de rapport à celle qu'on veut exprimer. Par exemple l'usage ordinaire est de clouer des fers sous les pieds des chevaux, ce qui s'appelle *ferrer un cheval* ; que s'il arrive qu'au lieu de fer on se serve d'argent, on dit alors que les chevaux sont *ferrés d'argent*, plutôt que d'inventer un nouveau mot qui ne serait pas entendu. On ferre aussi d'argent une cassette, etc. Alors *ferrer* signifie par extension garnir d'argent au lieu de fer. On dit de même *aller à cheval* sur un *bâton*, c'est-à-dire se mettre sur un bâton de la même manière qu'on se place à cheval. C'est ainsi qu'Horace a dit :

.... *Equitare in arundine longa.*

Ainsi la *catachrèse* est un écart que certains mots font de leur première signification, pour en prendre une autre qui y a quelque rapport, et c'est aussi ce qu'on appelle *extension*; par exemple, *feuille* se dit par extension ou imitation des choses qui sont plates et minces comme les feuilles des plantes; on dit *une feuille de papier, une feuille de fer-blanc, une feuille d'or, une feuille d'étain* qu'on met derrière les miroirs; *une feuille de carton; les feuilles d'un paravent,* etc.

Prince, en latin *princeps,* signifiait seulement autrefois, premier, principal; mais aujourd'hui en français il signifie un souverain, ou une personne de maison souveraine.

I. Il y a deux espèces de catachrèse : 1° lorsqu'on donne à un mot une signification éloignée, qui n'est qu'une suite de la signification primitive : c'est ainsi que *succurrere* signifie aider, secourir; *petere*, attaquer; *animadvertere*, punir : ce qui peut souvent être rapporté à la métalepse, dont nous parlerons dans la suite.

II. La seconde espèce de catachrèse n'est proprement qu'une sorte de métaphore; c'est lorsqu'il y a imitation et comparaison, comme quand on dit *ferrer d'argent, feuille de papier,* etc.

ARTICLE II.

La Métonymie.

Le mot *métonymie* signifie transposition ou changement de nom, un nom pour un autre.

En ce sens cette figure comprend tous les autres tropes ; car, dans tous les tropes, un mot n'étant pas pris dans le sens qui lui est propre, il réveille une idée qui pourrait être exprimée par un autre mot. Nous remarquerons dans la suite ce qui distingue proprement la métonymie des autres tropes.

Les maîtres de l'art restreignent la métonymie aux usages suivants :

I. *La cause pour l'effet;* par exemple, vivre de son travail, c'est-à-dire vivre de ce qu'on gagne en travaillant.

Les païens regardaient Cérès comme la déesse qui avait fait sortir le blé de la terre, et qui avait appris aux hommes la manière d'en faire du pain : ils croyaient que Bacchus était le dieu qui avait trouvé l'usage du vin ; ainsi ils donnaient au blé le nom de *Cérès,* et au vin le nom de *Bacchus;* on en trouve un grand nombre d'exemples dans les poëtes. Virgile a dit : *un vieux Bacchus,* pour dire du vin vieux : *implentur veteris Bacchi.*

II. *L'effet pour la cause;* comme lorsque Ovide dit que le mont Pélion n'a point d'om-

bres, *nec habebat Pelion umbras;* c'est-à-dire
qu'il n'a point d'arbres, qui sont la cause de
l'ombre ; *l'ombre,* qui est l'effet des arbres, est
prise ici pour les arbres mêmes.

Les poëtes disent *la pâle mort, les pâles
maladies :* la mort et les maladies rendent pâle.

III. *Le contenant pour le contenu;* comme
quand on dit : *il aime la bouteille,* c'est-à-dire
il aime le vin. Virgile dit que, Didon ayant présenté à Bytias une coupe d'or pleine de vin,
Bytias la prit et *se lava, s'arrosa de cet or plein,*
c'est-à-dire de la liqueur contenue dans cette
coupe d'or :

> ..... *Ille impiger hausit
> Spumantem pateram, et pleno se proluit auro.*

Auro est pris pour la coupe, c'est la matière
pour la chose qui en est faite : nous parlerons
bientôt de cette espèce de figure ; ensuite la
coupe est prise pour le vin.

IV. *Le nom du lieu où une chose se fait,
pris pour la chose elle-même;* exemple : *Il a
un vrai damas,* c'est-à-dire un sabre ou un
couteau qui a été fait à Damas, en Syrie.

C'est ainsi que le Lycée se prend pour les
disciples d'Aristote, qui enseignait dans le Lycée. Le Portique se prend pour la philosophie
que Zénon enseignait à ses disciples dans le
Portique.

V. *Le signe pour la chose signifiée :*

Dans ma vieillesse languissante,
Le sceptre que je tiens pèse à ma main tremblante ;

c'est-à-dire , je ne suis plus dans un âge convenable pour me bien acquitter des soins que
demande la royauté. Ainsi le *sceptre* se prend
pour l'autorité royale ; *le bâton de maréchal de
France,* pour la dignité de maréchal de France ;
le chapeau de cardinal , et même simplement *le
chapeau,* se dit pour le cardinalat.

L'*épée* se prend pour la profession militaire ;
la *robe* pour la magistrature et pour l'état
de ceux qui suivent le barreau.

Cicéron a dit que les armes doivent céder à
la robe :

Cedant arma togæ, concedat laurea linguæ.

VI. *Le nom abstrait pour le concret.* J'explique dans un article exprès le sens abstrait et
le sens concret ; j'observerai seulement ici que
blancheur est un terme abstrait ; mais quand je
dis que ce *papier est blanc, blanc* est alors un
terme concret. *Un nouvel esclave se forme tous
les jours pour vous,* dit Horace ; c'est-à-dire,
vous avez tous les jours de nouveaux esclaves ;
tibi servitus crescit nova. Servitus est un nom
abstrait au lieu de *servi,* ou *novi amatores qui
tibi serviant. Invidia major,* au-dessus de l'en-
vie, c'est-à-dire triomphant des envieux.

Custodia , garde, conservation , se prend en

latin comme en français pour ceux qui gardent : *Noctem custodia ducit insomnem*, la garde veille toute la nuit.

VII. *Les parties du corps qui sont regardées comme le siége des passions et des sentiments intérieurs, se prennent pour les sentiments mêmes;* c'est ainsi qu'on dit : *Il a du cœur*, c'est-à-dire du courage.

Observez que les anciens regardaient le cœur comme le siége de la sagesse, de l'esprit, de l'adresse : ainsi, *habet cor*, dans Plaute, ne veut pas dire, comme parmi nous, elle a du courage, mais elle a de l'esprit; *egregie cordatus* veut dire en latin *un homme de sens*, qui a un bon discernement.

VIII. *Le nom du maître de la maison se prend aussi pour la maison qu'il occupe.* Virgile a dit :

. . . *Jam proximus ardet Ucalegon,*

c'est-à-dire, le feu a déjà pris à la maison d'Ucalégon.

On donne aussi aux pièces de monnaie le nom du souverain dont elles portent l'empreinte. *Ducentos philippos reddat aureos.* qu'elle rende deux cents *philippes d'or :* nous dirions deux cents *louis d'or.*

Voilà les principales espèces de métonymie. Quelques-uns y ajoutent la métonymie par laquelle on nomme ce qui précède pour ce qui suit, ou ce qui suit pour ce qui précède; c'est ce qu'on appelle *l'antécédent pour le conséquent,* ou *le conséquent pour l'antécédent;* on en trouvera des exemples dans la métalepse, qui n'est qu'une espèce de métonymie à laquelle on a donné un nom particulier : au lieu qu'à l'égard des autres espèces de métonymie dont nous venons de parler, on se contente de dire métonymie de la cause pour l'effet, métonymie du contenant pour le contenu, métonymie du signe, etc.

ARTICLE III.

La Métalepse.

La *métalepse* est une espèce de métonymie par laquelle on explique ce qui suit pour faire entendre ce qui précède, ou ce qui précède pour faire entendre ce qui suit : elle ouvre, pour ainsi dire, la porte, dit Quintilien, afin que vous passiez d'une idée à une autre : *ex alio in aliud viam præstat;* c'est l'antécédent pour le conséquent, ou le conséquent pour l'antécédent, et c'est toujours le jeu des idées accessoires, dont l'une réveille l'autre.

Le partage des biens se faisait souvent et se fait encore aujourd'hui en tirant au sort.

Le sort précède le partage, de là vient que *sors* en latin se prend souvent pour le partage même, pour la portion qui est échue en partage : c'est le nom de l'antécédent qui est donné au conséquent.

Sors signifie encore jugement, arrêt ; c'était le sort qui décidait, chez les Romains, du rang dans lequel chaque cause devait être plaidée : ainsi, quand on a dit *sors* pour jugement, on a pris l'antécédent pour le conséquent.

Sortes en latin se prend encore pour un oracle, soit parce qu'il y avait des oracles qui se rendaient par le sort, soit parce que les réponses des oracles étaient comme autant de jugements qui réglaient la destinée, le partage, l'état de ceux qui les consultaient.

On rapporte de même à la métalepse ces façons de parler : *Il oublie les bienfaits*, c'est-à-dire il n'est pas reconnaissant. *Souvenez-vous de votre convention*, c'est-à-dire observez votre convention. *Seigneur, ne vous ressouvenez point de nos fautes*, c'est-à-dire ne nous punissez point, accordez-nous-en le pardon. *Je ne vous connais pas*, c'est-à-dire je ne fais aucun cas de vous, je vous méprise ; vous êtes à mon égard comme si vous n'étiez pas.

La métalepse se fait donc lorsqu'on passe comme par degré d'une signification à une autre : par exemple, quand Virgile a dit . *après quelques épis*, c'est-à-dire après quelques années ; les épis supposent le temps de la moisson, le temps de la moisson suppose l'été, et l'été suppose la révolution de l'année. Les poëtes prennent les hivers, les étés, les moissons, les automnes et tout ce qui n'arrive

qu'une fois en une année, pour l'année même.
On dit quelquefois dans le discours ordinaire :
c'est un vin de quatre feuilles, pour dire, c'est
un vin de quatre ans ; et dans les Coutumes on
trouve *bois de quatre feuilles*, c'est-à-dire bois
de quatre années.

Ainsi, le nom des différentes opérations de
l'agriculture se prend pour le temps de ces
opérations ; c'est le conséquent pour l'antécédent ; la moisson se prend pour le temps de la
moisson, la vendange pour le temps de la vendange. *Il est mort pendant la moisson*, c'est-à-
dire dans le temps de la moisson. La moisson
se fait ordinairement dans le mois d'août ; ainsi,
par métonymie ou métalepse, on appelle la
moisson l'*août*, qu'on prononce l'*oût* ; alors le
temps dans lequel une chose se fait, se prend
pour la chose même, et toujours à cause de la
liaison que les idées accessoires ont entre elles.

On rapporte aussi à cette figure ces façons
de parler des poëtes, par lesquelles ils prennent
l'antécédent pour le conséquent, lorsqu'au lieu
d'une description, ils nous mettent devant les
yeux le fait que la description suppose :

Quis caneret nymphas? quis humum florentibus herbis
Spargeret, aut viridi fontes induceret umbra?
                                        VIRG., Ecl. IX.

« O Ménalque, si nous vous perdions, qui
émaillerait la terre de fleurs ? qui ferait couler

les fontaines sous une ombre verdoyante? »
C'est-à-dire, qui chanterait la terre émaillée de
fleurs? qui nous en ferait des descriptions aussi
vives et aussi riantes que celles que vous en
faites? qui nous peindrait, comme vous, ces
ruisseaux qui coulent sous une ombre verte?

ARTICLE IV.

La Synecdoque.

Le terme de *synecdoque* signifie compréhen-
sion, conception : en effet, dans la synecdoque
on fait concevoir à l'esprit plus ou moins que le
mot dont on se sert ne signifie dans le sens
propre.

Quand, au lieu de dire d'un homme qu'il
aime *le vin*, je dis qu'il aime la bouteille, c'est
une simple métonymie ; c'est un nom pour un
autre. Mais quand je dis *cent voiles* pour cent
vaisseaux, non-seulement je prends un nom
pour un autre, mais je donne au mot *voiles*
une signification plus étendue que celle qu'il a
dans le sens propre ; je prends la partie pour le
tout.

La synecdoque est donc une espèce de métonymie, par laquelle on donne une signification
particulière à un mot qui, dans le sens propre,
a une signification plus générale ; ou, au contraire, on donne une signification générale à

Traité de Narrat. 6

un mot qui, dans le sens propre, n'a qu'une signification particulière. En un mot, dans la métonymie je prends un nom pour un autre, au lieu que dans la synecdoque je prends le *plus* pour le *moins* ou le *moins* pour le *plus*.

Voici les différentes sortes de synecdoques que les grammairiens ont remarquées.

I. *Synecdoque du genre* : comme quand on dit *les mortels* pour les hommes ; le terme de *mortels* devrait pourtant comprendre aussi les animaux, qui sont sujets à la mort aussi bien que nous ; ainsi, quand par les *mortels* on n'entend que les hommes, c'est une synecdoque du genre : on dit le *plus* pour le *moins*.

II. *Synecdoque de l'espèce* : c'est lorsqu'on prend le nom de l'espèce pour celui du genre : ainsi, lorsqu'on dit *la saison des roses*, pour *la saison des fleurs* ; *l'aquilon, le notus*, etc., pour *les vents en général*. C'est alors prendre le *moins* pour marquer le *plus*.

Il y avait dans la Thessalie, entre le mont Ossa et le mont Olympe, une fameuse plaine appelée *Tempé*, qui passait pour un des plus beaux lieux de la Grèce ; les poëtes grecs et latins se sont servis de ce mot particulier pour désigner toutes sortes de belles campagnes.

III. *Synecdoque du nombre* : c'est lorsqu'on met un singulier pour un pluriel, ou un pluriel pour un singulier.

1. *Le Germain révolté*, c'est-à-dire les Germains, les Allemands; *l'ennemi vient à nous*, c'est-à-dire, *les ennemis*. Dans les historiens latins, on trouve souvent *pedes* pour *pedites*; le fantassin pour les fantassins, l'infanterie.

2. Le pluriel pour le singulier. Souvent dans le style sérieux on dit *nous* au lieu de *je*, et de même, *il est écrit* dans *les prophètes*, c'est-à-dire dans un livre de quelqu'un des prophètes.

3. Un nombre déterminé pour un nombre indéterminé. *Il me l'a dit cent fois, mille fois,* c'est-à-dire plusieurs fois.

IV. *La partie pour le tout, et le tout pour la partie.* Ainsi *la tête* se prend quelquefois pour tout l'homme : c'est ainsi qu'on dit communément, *on a payé tant par tête*, c'est-à-dire tant pour chaque personne; *une tête* si chère, c'est-à-dire, une personne, si précieuse, si aimée.

L'onde, dans le sens propre, signifie une vague, un flot; cependant les poëtes prennent ce mot pour la mer, ou pour l'eau d'une rivière, ou pour la rivière même.

V. *On se sert souvent du nom de la matière pour marquer la chose qui en est faite :* le pin ou quelque autre arbre se prend dans les poëtes pour un vaisseau; on dit communément *de l'argent*, pour des pièces d'argent, de la monnaie. *Le fer* se prend pour l'épée : *périr par le fer*. Virgile s'est servi de ce mot pour le soc de la charrue :

At prius ignotum ferro quam scindimus æquor.

ARTICLE V.

L'Antonomase.

L'*antonomase* est une espèce de synecdoque, par laquelle on met un nom commun pour un nom propre, ou bien un nom propre pour un nom commun. Dans le premier cas, on veut faire entendre que la personne ou la chose dont on parle excelle sur toutes celles qui peuvent être comprises sous le nom commun ; et dans le second cas, on fait entendre que celui dont on parle, ressemble à ceux dont le nom propre est célèbre par quelque vice ou par quelque vertu.

Philosophe, orateur, poëte, roi, ville, monsieur, sont des noms communs ; cependant l'antonomase en fait des noms particuliers qui équivalent à des noms propres.

Quand les anciens disent *le philosophe*, ils désignent Aristote.

Quand les Latins disent *l'orateur*, ils désignent Cicéron.

Quand ils disent *le poëte*, ils désignent Virgile.

Les adjectifs ou épithètes sont des noms communs que l'on peut appliquer aux diffé-

rents objets auxquels ils conviennent ; l'antonomase en fait des noms particuliers : *l'invincible, le conquérant, le grand, le juste, le sage,* se
disent, par antonomase, de certains princes ou
d'autres personnes particulières.

I. La seconde espèce d'antonomase, consiste
à prendre un nom propre pour un nom commun, ou pour un adjectif.

Sardanapale, dernier roi des Assyriens,
vivait dans une extrême mollesse ; de là on dit
d'un voluptueux, *c'est un Sardanapale ;* c'est
par la même figure que l'on dit d'un prince
cruel, *c'est un Néron ;* d'un guerrier fameux
par sa bouillante valeur, *c'est un Achille.*

ARTICLE VI.

La Communication dans les paroles.

Les rhéteurs parlent d'une figure appelée
simplement *communication ;* c'est lorsque l'orateur, s'adressant à ceux à qui il parle, paraît
se communiquer, s'ouvrir à eux, les prendre
eux-mêmes pour juges ; par exemple : *En quoi
vous ai-je donné lieu de vous plaindre ? Répondez-moi, que pouvais-je faire de plus ? Qu'auriez-vous fait à ma place,* etc. En ce sens la
communication est une figure de pensée, et
par conséquent elle n'est pas de notre sujet.

La figure dont nous voulons parler est un
trope, par lequel on fait tomber sur soi-même
ou sur les autres une partie de ce qu'on dit;
Achille cherchant à dissiper les vaines terreurs
d'Agamennon, lui dit :

Ah ! ne nous forgeons point ces indignes obstacles,
Le Ciel parle, il suffit ce sont là nos oracles.

Ainsi *nous*, dans cet exemple, n'est pas
le sens propre, il ne comprend point celui
qui parle. On ménage par ces expressions l'a-
mour-propre de ceux à qui on adresse la parole, en paraissant partager avec eux le blâme
de ce qu'on leur reproche; la remontrance
étant moins personnelle, et paraissant comprendre celui qui la fait, en est moins aigre et
devient plus souvent utile.

Les louanges qu'on se donne blessent toujours l'amour-propre de ceux à qui l'on parle.
Il y a plus de modestie à s'énoncer d'une manière qui fasse retomber sur d'autres une partie du bien qu'on veut dire de soi : ainsi un
capitaine dit quelquefois que sa compagnie a
fait telle ou telle action, plutôt que d'en faire
retomber la gloire sur lui seul.

On peut regarder cette figure comme une
espèce particulière de synecdoque, puisqu'on
dit *le plus* pour tourner l'attention *au moins*.

ARTICLE VII.

La Litote.

La *litote* ou diminution est un trope par lequel on se sert de mots qui, pris à la lettre, paraissent affaiblir une pensée dont on sait bien que les idées accessoires feront sentir toute la force : on dit le moins par modestie ou par égard ; mais on sait bien que ce moins réveillera l'idée du plus.

Quand Chimène dit à Rodrigue, *va, je ne te hais point,* elle lui fait entendre plus que ces mots-là ne signifient dans leur sens propre.

Il en est de même de ces façons de parler : *je ne puis vous louer,* c'est-à-dire, je blâme votre conduite ; *je ne méprise pas vos présents,* signifie que j'en fais beaucoup de cas ; *il n'est pas sot,* veut dire qu'il a plus d'esprit que vous ne croyez ; *il n'est pas poltron,* fait entendre qu'il a du courage ; *Pythagore n'est pas un auteur méprisable* [1], c'est-à-dire que Pythagore est un auteur qui mérite d'être estimé ; *je ne suis pas si difforme,* veut dire modestement qu'on est bien fait, ou du moins qu'on le croit ainsi.

On appelle aussi cette figure *exténuation :* elle est opposée à l'hyperbole.

---

1. *Non sordidus actor naturæ verique.*
  Hor. l. 1, od. 28.

ARTICLE VIII.

L'Hyperbole.

Lorsque nous sommes vivement frappés de quelque idée que nous voulons représenter, et que les termes ordinaires nous paraissent trop faibles pour exprimer ce que nous voulons dire, nous nous servons de mots qui, à les prendre à la lettre, vont au delà de la vérité, et représentent le plus ou le moins pour faire entendre quelque excès en grand ou en petit. Ceux qui nous entendent rabattent de notre expression ce qu'il en faut rabattre, et il se forme dans leur esprit une idée plus conforme à celle que nous voulons y exciter, ce qui n'aurait pas lieu si nous nous étions exprimés simplement : par exemple, si nous voulons faire comprendre la légèreté d'un cheval qui court extrêmement vite, nous disons qu'*il va plus vite que le vent.* Cette figure s'appelle *hyperbole*, d'un mot grec qui signifie *excès.*

Julius Solinus dit qu'un certain Lada était d'une si grande légèreté, qu'il ne laissait sur le sable aucun vestige de ses pieds.

L'hyperbole est ordinaire aux Orientaux. Les jeunes gens en font plus souvent usage que les personnes avancées en âge. On doit en user sobrement et avec quelque correctif, par exemple, en ajoutant, *pour ainsi dire, si l'on peut parler ainsi.*

« Les esprits vifs, pleins de feu, et qu'une vaste imagination emporte hors des règles et de la justesse, ne peuvent s'assouvir d'hyperboles, dit La Bruyère. »

Excepté quelques façons de parler communes et proverbiales, nous usons très-rarement d'hyperboles en français. On en trouve quelques exemples dans le style satirique et badin, et quelquefois même dans le style sublime et poétique : *Des ruisseaux de larmes coulèrent des yeux des habitants.*

ARTICLE IX.

L'Hypotypose.

L'*hypotypose*, d'un mot grec qui signifie *image*, *tableau*, consiste à peindre les faits dont on parle, comme si ce qu'on dit était actuellement devant les yeux; on montre, pour ainsi dire, ce qu'on ne fait que raconter; on donne en quelque sorte l'original pour la copie, les objets pour les tableaux. On en trouve un bel exemple dans le récit de la mort d'Hippolyte, par Racine.

ARTICLE X.

La Métaphore.

La *métaphore* est une figure par laquelle on transporte, pour ainsi dire, la signification propre d'un mot à une autre signification qui

* 6

ne lui convient qu'en vertu d'une comparaison
qui est dans l'esprit. Un mot pris dans un sens
métaphorique perd sa signification propre, et
en prend une nouvelle qui ne se présente à
l'esprit que par la comparaison que l'on fait
entre le sens propre de ce mot, et ce qu'on
lui compare. Par exemple, quand on dit que
*le mensonge se pare souvent des couleurs de la
vérité*, dans cette phrase, *couleurs* n'a plus de
signification propre et primitive ; ce mot ne
marque plus cette lumière modifiée qui nous
fait voir les objets ou blancs, ou rouges, ou
jaunes, etc. : il signifie *les dehors, les apparences;* et cela par comparaison entre le sens
propre de *couleurs*, et les dehors que prend un
homme qui nous en impose sous le masque de
la sincérité. Les couleurs font connaître les
objets sensibles ; elles en font voir les dehors
et les apparences; un homme qui ment, imite
quelquefois si bien la contenance et les discours de celui qui ne ment pas, que, lui trouvant les mêmes dehors, et pour ainsi dire les
mêmes couleurs, nous croyons qu'il nous dit
la vérité : ainsi, comme nous jugeons qu'un
objet qui nous paraît blanc est blanc, de même
nous sommes souvent la dupe d'une sincérité
apparente ; et dans le temps qu'un imposteur
ne fait que prendre les dehors d'homme sincère, nous croyons qu'il nous parle sincère-
ment.

Quand on dit *la lumière de l'esprit*, ce mot de *lumière* est pris métaphoriquement ; car, comme la lumière dans le sens propre nous fait voir les objets corporels, de même la faculté de connaître et d'apercevoir éclaire l'esprit, le met en état de porter des jugements sains.

La métaphore est donc une espèce de trope ; le mot dont on se sert dans la métaphore est pris dans un autre sens que dans le sens propre : *il est*, pour ainsi dire, *dans une demeure empruntée*, dit un ancien ; ce qui est commun et essentiel à tous les tropes.

De plus, il y a une sorte de comparaison ou quelque rapport équivalent entre le mot auquel on donne un sens métaphorique, et l'objet auquel on veut l'appliquer ; par exemple, quand on dit d'un homme en colère, *c'est un lion*, *lion* est pris alors dans un sens métaphorique ; on compare l'homme en colère au lion, et voilà ce qui distingue la métaphore des autres figures.

Il y a cette différence entre la métaphore et la comparaison, que dans la comparaison on se sert de termes qui font connaître que l'on compare une chose à une autre. Par exemple, si l'on dit d'un homme en colère, qu'*il est comme un lion*, c'est une comparaison ; mais quand on dit simplement *c'est un lion*, la comparaison n'est alors que dans l'esprit, et non dans les termes : c'est une métaphore.

Quand les métaphores sont régulières, il n'est pas difficile de trouver le rapport de comparaison.

La métaphore est donc aussi étendue que la comparaison ; et lorsque la comparaison ne serait pas juste ou serait trop recherchée, la métaphore ne serait pas régulière.

Du mauvais usage des métaphores.

Les métaphores sont défectueuses,

1°. Quand elles sont tirées de sujets bas. Le P. de Colonia reproche à Tertulien d'avoir dit que *le déluge universel fut la lessive de la nature.*

2°. Quand elles sont forcées, prises de loin, et que le rapport n'est point assez naturel, ni la comparaison assez sensible, comme quand Théophile a dit : *Je baignerai mes mains dans les ondes de tes cheveux ;* et dans un autre endroit où il dit *que la charrue écorche la plaine.* « Théophile, dit La Bruyère, charge ses descriptions, s'appesantit sur les détails ; il exagère, il passe le vrai dans la nature, il en fait le roman. »

On peut rapporter à la même espèce les métaphores qui sont tirées de sujets peu connus.

3°. Il faut aussi avoir égard aux convenances des différents styles : il y a des métaphores qui conviennent au style poétique,
qui seraient déplacées dans le style oratoire.

On ne dirait pas en prose, qu'*une lyre
enfante des sons.* Cette observation a lieu aussi
à l'égard des autres tropes; par exemple, *lu-
men,* dans le sens propre, signifie *lumière* : les
poëtes latins ont donné ce nom à l'œil, par
métonymie; les yeux sont l'organe de la lumière, et sont, pour ainsi dire, le flambeau de
notre corps.

4°. On peut quelquefois modifier une métaphore, en la changeant en comparaison, ou
bien en ajoutant quelque correctif; par exemple, en disant *pour ainsi dire; si l'on peut
parler ainsi,* etc. « L'art doit être, pour ainsi
dire, enté sur la nature; la nature soutient
l'art et lui sert de base, et l'art embellit et per-
fectionne la nature. »

5°. Lorsqu'il y a plusieurs métaphores de
suite, il n'est pas toujours nécessaire qu'elles
soient tirées exactement du même sujet; mais
il ne faut pas qu'on les prenne de sujets oppo-
sés, ni que les termes métaphoriques dont
l'un est dit de l'autre éveillent des idées qui
ne puissent point être liées, comme si l'on
disait d'un orateur, *c'est un torrent qui s'al-
lume,* au lieu de dire *c'est un torrent qui*

entraîne. **On** a reproché à Malherbe d'avoir dit :

Prends ta foudre, Louis, et va comme un lion.

6°. **Chaque** langue a des métaphores particulières, qui ne sont point en usage dans les autres langues ; par exemple, les Latins disaient d'une armée : *dextrum et sinistrum cornu*, et nous disons *l'aile droite et l'aile gauche.*

Il est si vrai que chaque langue a ses métaphores propres et consacrées par l'usage, que si vous en changez les termes par les équivalents même qui en approchent le plus, vous vous rendez ridicule.

Un étranger qui depuis, devenu un de nos citoyens, s'est rendu célèbre par ses ouvrages, écrivant dans le premier temps à son protecteur, lui disait : *Monseigneur, vous avez pour moi des boyaux de père ;* il voulait dire *des entrailles.*

ARTICLE XI.

La Syllepse oratoire.

La *syllepse* oratoire est une espèce de métaphore ou de comparaison par laquelle un même mot est pris en deux sens dans la même phrase, l'un au propre, l'autre au figuré. Par exemple,

Corydon dit dans la septième égloque de Virgile que Galathée est pour lui plu douce que
le thym du mont Hybla ; le mot *doux* est au
propre par rapport au thym, et il est au figuré
par rapport à l'impression que ce berger dit que
Galathée fait sur lui. Virgile fait dire ensuite à
un autre berger : *Et moi, je veux te paraître*
plus amer que les herbes de Sardaigne.... si ce
jour ne me semble pas plus long qu'une année.

Cette figure joue trop sur les mots pour ne
pas demander bien de la circonspection ; il faut
éviter les jeux de mots trop affectés et tirés de
loin.

ARTICLE XII.

L'Allégorie.

L'*allégorie* a beaucoup de rapport avec la
métaphore ; l'allégorie n'est même qu'une métaphore continuée.

L'allégorie est un discours qui est d'abord
présenté sous un sens propre qui paraît tout
autre chose que ce qu'on a dessein de faire
entendre ; et qui cependant ne sert que de
comparaison, pour donner l'intelligence d'un
autre sens qu'on n'exprime point.

La métaphore joint le mot figuré à quelque
terme propre. Par exemple, *le feu de vos yeux :*
yeux est au propre ; au lieu que dans l'allégorie
tous les mots ont d'abord un sens figuré ; c'est·

à-dire que tous les mots d'une phrase ou d'un discours allégorique forment d'abord un sens littéral qui n'est pas celui qu'on a dessein de faire entendre : les idées accessoires dévoilent ensuite facilement le véritable sens qu'on veut exciter dans l'esprit; elles démasquent, pour ainsi dire, le sens littéral étroit, elles en font l'application.

Quand on a commencé une allégorie, on doit conserver dans la suite du discours l'image dont on a emprunté les premières expressions. Madame Deshoulières, sous l'image d'une bergère qui parle à ses brebis, rend compte à ses enfants de tout ce qu'elle a fait pour leur procurer des établissements, et se plaint tendrement, sous cette image, de la dureté de la fortune.

L'allégorie est fort en usage dans les proverbes. Les proverbes allégoriques ont d'abord un sens propre qui est vrai, mais qui n'est pas ce qu'on veut principalement faire entendre : on dit familièrement *tant va la cruche à l'eau qu'à la fin elle se brise;* c'est-à-dire que, quand on affronte trop souvent les dangers, à la fin on y périt, ou que, quand on s'expose fréquemment aux occasions de pécher, on finit par y succomber.

Les fictions que l'on débite comme des histoires, pour en tirer quelque moralité, sont des allégories qu'on appelle *apologues, para-*

boles ou *fables morales;* telles sont les fables de La Fontaine. Ce fut par un apologue que Ménénius Agrippa ramena autrefois les plébéiens qui, mécontents du sénat, s'étaient retirés sur le mont Sacré. Ce que ni l'autorité des lois, ni la dignité des magistrats romains n'avait pu faire, il l'obtint par le langage détourné et allégorique.

Les énigmes sont aussi une espèce d'allégorie. L'énigme est un discours qui ne fait point connaître l'objet auquel il convient, et c'est cet objet qu'on propose à deviner.

ARTICLE XIII.

L'Allusion.

Les *allusions* et les jeux de mots ont encore du rapport avec l'allégorie : l'allégorie présente un sens, et en fait entendre un autre : c'est ce qui arrive aussi dans les allusions, et dans la plupart des jeux de mots, *rei alterius ex altera notatio.* On fait allusion à l'histoire, à la Fable, aux coutumes ; et quelquefois même on joue sur les mots :

Ton roi, jeune Biron, te sauve enfin la vie ;
Il t'arrache sanglant aux fureurs des soldats
Dont les coups redoublés achevaient ton trépas :
Tu vis, songe du moins à lui rester fidèle.

Ce dernier vers fait allusion à la malheu-

reuse conspiration du maréchal de Biron; il
en rappelle le souvenir.

A l'égard des allusions qui ne consistent que
dans un jeu de mots, il vaut mieux parler et
écrire simplement que de s'amuser à des jeux
de mots puérils, froids et fades.

La traduction est l'écueil de ces sortes de
pensées : quand une pensée est solide, tout ce
qu'elle a de réalité se conserve dans la traduction ; mais quand toute sa valeur ne consiste que dans un jeu de mots, ce faux brillant
se dissipe par la traduction.

Ce n'est pas toutefois qu'une muse un peu fine
Sur un mot, en passant, ne joue et ne badine,
Et d'un sens détourné n'abuse avec succès :
Mais fuyez sur ce point un ricicule excès.

Les allusions doivent être facilement aper-
çues. Celles que nos poëtes font à la Fable sont
défectueuses, quand le sujet auquel elles ont
rapport n'est pas connu.

J'ajouterai encore ici une remarque, à propos
de l'allusion : c'est que nous avons en notre
langue un grand nombre de chansons dont le
sens littéral, sous une apparence de simplicité,
est rempli d'allusions obscènes. Les auteurs de
ces productions sont coupables d'une infinité
de pensées dont ils salissent l'imagination, et
d'ailleurs ils se déshonorent dans l'esprit des
honnêtes gens. Ceux qui, dans des ouvrages
sérieux, tombent par simplicité dans le même

inconvénient que les faiseurs de chansons, ne sont guère moins répréhensibles, et se rendent plus ridicules.

ARTICLE XIV.

L'Ironie.

L'*ironie* est une figure par laquelle on veut faire entendre le contraire de ce qu'on dit : ainsi les mots dont on se sert dans l'ironie, ne sont pas pris dans le sens propre et littéral.

Boileau, qui n'a pas rendu à Quinault toute la justice que le public lui a rendue depuis, a dit par ironie :

Je le déclare donc, Quinault est un Virgile.

Il voulait dire un mauvais poëte.

Les idées accessoires sont d'un grand usage dans l'ironie : le ton de la voix, et plus encore la connaissance du mérite ou du démérite personnel de quelqu'un, et de la façon de penser de celui qui parle, servent plus à faire connaître l'ironie que les paroles dont on se sert. Un homme s'écrie : *oh ! le bel esprit !* Parle-t-il de Cicéron, d'Horace? il n'y a point là d'ironie ; les mots sont pris dans le sens propre. Parle-t-il de Zoïle? c'est une ironie. Ainsi l'ironie fait une satire avec les mêmes paroles dont le discours ordinaire fait un éloge.

L'Euphémisme.

L'*euphémisme* est une figure par laquelle on déguise des idées désagréables, odieuses ou tristes, sous des noms qui ne sont point les noms propres à exprimer ces idées; ils leur servent comme de voile, et ils en expriment, en apparence, de plus agréables, de moins choquantes, ou de plus honnêtes selon le besoin; par exemple, ce serait reprocher à un ouvrier ou à un valet la bassesse de son état, que de l'appeler *ouvrier* ou *valet*; on leur donne d'autres noms moins choquants qui ne doivent pas être pris dans le sens propre. C'est ainsi que le bourreau est appelé *le maître des hautes œuvres.*

Chez toutes les nations policées on a toujours évité les termes qui expriment des idées déshonnêtes. Les personnes peu instruites croient que les Latins n'avaient pas cette délicatesse; c'est une erreur. Il est vrai qu'aujourd'hui on a quelquefois recours au latin pour exprimer des idées dont on n'oserait dire le mot propre en français; mais c'est que, comme nous n'avons appris les mots latins que dans les livres, ils se présentent à nous avec une idée accessoire d'érudition et de lecture, qui s'empare d'abord de l'imagination; elle la

partage, elle enveloppe, en quelque sorte,
l'image déshonnête ; elle l'écarte, et ne la fait
voir que de loin : ce sont deux objets que l'on
présente alors à l'imagination, dont le premier
est le mot latin qui couvre l'idée qui le suit; ainsi
ces mots servent comme de voile et de périphrase à ces idées peu honnêtes : au lieu que,
comme nous sommes accoutumés aux mots de
notre langue, l'esprit n'est pas partagé en les en-
tendant. Quand on se sert de termes propres, il
s'occupe directement des objets qu'ils signifient. Il en était de même chez les Grecs et
les Romains ; les honnêtes gens ménageaient
les termes comme nous les ménageons en
français ; et leur scrupule allait même quelquefois si loin, qu'ils évitaient la rencontre
des syllabes qui, jointes ensemble, auraient
pu réveiller des idées déshonnêtes. *Quia si ita
diceretur, obscœnius concurrerent litteræ,* dit
Cicéron ; et Quintilien a fait la même remarque.

Les anciens portaient la superstition jusqu'à
croire qu'il y avait des mots dont la seule
prononciation pouvait attirer quelque malheur.

Cette superstition paraissait encore plus dans
les cérémonies de la religion : on craignait de
donner aux dieux quelque nom qui leur fût
désagréable. On était averti, au commencement du sacrifice ou de la cérémonie, de
prendre garde de prononcer aucun mot qui
pût attirer quelque malheur, de ne dire que de

bonnes paroles, *bona verba fari* ; enfin d'être
favorable de la langue, *favete linguis* ou *lin-
gua*, ou *ore*, et de garder plutôt le silence
que de prononcer quelque mot funeste qui
pût déplaire aux dieux : et c'est de là que *favete
linguis* signifie, par extension, *faites silence*.

Par la même raison, ou plutôt par le même
fanatisme, lorsqu'un oiseau avait été de bon
augure, et que ce qu'on devait attendre de
cet heureux présage était détruit par un augure
contraire, ce second augure ne s'appelait point
mauvais augure ; mais simplement l'*autre augure,* ou l'*autre oiseau.* C'est pourquoi, dit Fes-
tus, ce terme *alter* veut dire quelquefois *contraire, mauvais.*

On peut encore rapporter à l'euphémisme
ces périphrases ou circonlocutions dont un
orateur délicat enveloppe habilement une idée,
qui, toute simple, exciterait peut-être dans
l'esprit de ceux à qui il parle une image ou
des sentiments peu favorables à son dessein
principal. Cicéron n'a garde de dire au sénat
que les domestiques de Milon tuèrent Clodius :
« Ils firent, dit-il, ce que tout maître eût voulu
que ses esclaves eussent fait en pareille occasion. » De même, lorsqu'on ne donne pas à un
mercenaire tout l'argent qu'il demande, au lieu
de lui dire : *je ne veux pas vous en donner
davantage*, souvent on lui dit, par euphémisme : *je vous en donnerai davantage une*

autre fois ; cela se trouvera ; je chercherai les occasions de vous récompenser, etc.

ARTICLE XVI.

L'Antiphrase.

L'euphémisme et l'ironie ont donné lieu aux grammairiens d'inventer une figure qu'ils appellent *antiphrase,* c'est-à-dire *contre-vérité ;* par exemple : la mer Noire, sujette à de fréquents naufrages, et dont les bords étaient habités par des hommes extrêmement féroces, était appelée *Pont-Euxin,* c'est-à-dire *mer favorable à ses hôtes, mer hospitalière.* C'est pourquoi Ovide a dit que le nom de cette mer était un menteur :

Quem tenet Euxini mendax cognomine littus.

Les Furies Alecto, Tisiphone et Mégère ont été appelées *Euménides,* du grec εὐμενεῖς, *benevolæ,* douces, bienfaisantes. La commune opinion est que ce nom ne leur fut donné qu'après qu'elles eurent cessé de tourmenter Oreste, qui avait tué sa mère. Ce prince fut, dit-on, le premier qui les appela *Euménides.*

ARTICLE XVII.

La Périphrase.

Quintilien met la *périphrase* au rang des tropes ; en effet, puisque les tropes tiennent la place des expressions propres, la périphrase est un trope ; car la périphrase tient la place, ou d'un mot ou d'une phrase.

Nous avons expliqué, dans la première partie de cette grammaire, ce que c'était qu'une phrase : c'est une expression, une manière de parler, un arrangement de mots, qui fait un sens fini ou non fini.

La périphrase ou circonlocution est un assemblage de mots qui expriment en plusieurs paroles ce qu'on aurait pu dire en moins, et souvent en un seul mot ; par exemple : *le vainqueur de Darius,* au lieu de dire, *Alexandre : l'astre du jour,* pour *le soleil.*

On se sert de périphrases, ou par bienséance, ou pour un plus grand éclaircissement, ou pour l'ornement du discours, ou enfin par nécessité.

1. Par bienséance, lorsqu'on a recours à la périphrase, pour envelopper les idées basses ou peu honnêtes. Souvent aussi, au lieu de se servir d'une expression qui produirait une image trop dure, on l'adoucit par une péri-

phrase, comme nous l'avons remarqué dans l'euphémisme.

2. On se sert aussi de périphrases pour éclaircir ce qui est obscur; les définitions sont autant de périphrases; comme lorsqu'au lieu de dire *les Parques*, on dit *les trois déesses infernales qui, selon la Fable, filent la trame de nos jours.*

3. On se sert de périphrases pour l'ornement du discours, surtout en poésie. Le génie de la poésie consiste à amuser l'imagination par des images qui, au fond, se réduisent souvent à une pensée que le discours ordinaire exprimerait avec plus de simplicité, mais d'une manière ou trop sèche ou trop basse : la périphrase poétique présente la pensée sous une forme plus gracieuse ou plus noble : c'est ainsi qu'au lieu de dire simplement *à la pointe du jour*, les poëtes disent :

> *L'Aurore cependant, au visage vermeil,*
> *Ouvrait dans l'Orient le palais du soleil :*
> *La nuit en d'autres lieux portait ses voiles sombres ;*
> *Les songes voltigeants fuyaient avec les ombres.*

On doit éviter les périphrases obscures et trop enflées. Celles qui ne servent ni à la clarté, ni à l'ornement du discours, sont défectueuses. C'est une redondance choquante qu'une périphrase à la suite d'une pensée vive, claire, solide et noble. L'esprit, qui a été frappé

Traité de Narrat. 7

d'une pensée bien exprimée, n'aime point à la retrouver sous d'autres formes moins agréables, qui ne lui apprennent rien de nouveau, ou rien qui l'intéresse.

4. On se sert de périphrases par nécessité, quand il s'agit de traduire, et que la langue du traducteur n'a point d'expression propre qui réponde à la langue originale : par exemple, pour exprimer en latin une perruque, il faut dire *coma adscititia*, une chevelure empruntée, des cheveux qu'on a ajustés. Il y a en latin des verbes qui n'ont point de supin, et par conséquent point de participe : ainsi, au lieu de s'exprimer au moyen d'un participe, on est obligé de recourir à la périphrase *fore ut*, *futurum esse ut* : voir la syntaxe.

ARTICLE XVIII.

L'Hypallage.

Virgile, pour dire *mettre à la voile*, a dit *dare classibus austros* : donner les vents aux flottes ; l'ordre naturel demandait qu'il dît plutôt, *dare classes austris* : donner les flottes aux vents.

Cicéron, dans le discours pour Marcellus, dit à César qu'on n'a jamais vu dans la ville son épée vide du fourreau, *gladium vagina vacuum in urbe non vidimus*. Il ne s'agit pas du fond de la pensée, qui est de faire entendre que César n'avait exercé aucune cruauté dans la ville de Rome ; il s'agit de la combinaison des mots, qui ne paraissent pas liés entre eux comme ils le sont dans le langage ordinaire ; car *vacuus* se dit plutôt du fourreau que de l'épée.

Cette figure est bien malheureuse. Les rhétheurs disent que c'est aux grammairiens à en parler. *Grammaticorum potius schema est quam tropus*, dit Vossius ; et les grammairiens la renvoient aux rhéteurs. *L'hypallage, à vrai dire, n'est point une figure de grammaire*, dit la nouvelle méthode de Port-Royal ; c'est un trope ou figure d'élocution.

Le changement qui se fait dans la construction des mots par cette figure ne regarde pas leur signification ; ainsi, en ce sens, cette figure n'est point un trope, et doit être mise dans la classe des idiotismes ou façons de parler particulières à la langue latine ; mais j'ai cru qu'il n'était pas inutile d'en faire mention parmi les tropes. Le changement que l'hypallage fait dans la combinaison et dans la construction des mots, est une sorte de trope ou de conversion. Après tout, dans quelque rang qu'on juge à propos de placer l'hypallage, il est certain que c'est une figure très-remarquable.

Souvent la vivacité de l'imagination nous

fait parler de manière que, quand nous venons
ensuite à considérer de sang-froid l'arrangement dans lequel nous avons construit les mots
dont nous nous sommes servis, nous trouvons
que nous nous sommes écartés de l'ordre naturel, et de la manière dont les autres hommes
construisent les mots quand ils veulent exprimer la même pensée ; c'est un manque d'exactitude dans les modernes ; mais les langues anciennes autorisent souvent ces transpositions.
Ainsi, dans les anciens, la transposition dont
nous parlons est une figure remarquable qu'on
appelle *hypallage*, c'est-à-dire changement,
transposition, ou renversement de construction. Le besoin d'une certaine mesure dans
les vers a souvent obligé les anciens poëtes
d'avoir recours à ces façons de parler ; il faut
convenir qu'elles ont quelquefois de la grâce :
aussi les a-t-on élevées à la dignité d'expressions figurées.

Je vais encore ajouter ici quelques exemples
de cette figure, pour la faire mieux connaître.
Virgile, en parlant d'Enée et de la sibylle qui
conduit ce héros dans les enfers, dit :

Ibant obscuri sola sub nocte per umbram,

pour dire qu'ils marchaient tous seuls dans les
ténèbres d'une nuit sombre. Servius et le père
de La Rue disent que c'est ici une hypallage ;
pour *ibant soli sub obscura nocte.*

Horace a dit :

Pocula lethæos ut si ducentia somnos
Traxerim.

Comme si j'avais bu les eaux qui amènent le
sommeil du fleuve Léthé. Il était plus naturel
de dire *pocula lethæa,* les eaux du fleuve Léthé.

On peut regarder comme une sorte d'hypallage cette façon de parler selon laquelle on
marque par un adjectif une circonstance qui
est ordinairement exprimée par un adverbe.
C'est ainsi qu'au lieu de dire qu'*Enée envoya*
promptement Achate, Virgile dit :

. . *Rapidum ad naves præmittit Achaten*
Ascanio.

Rapidum est mis pour *promptement, en dili-*
gence.

Age diversas, c'est-à-dire chassez-les çà
et là.

Jamque ascendebant collem qui plurimus urbi
Imminet.

Plurimus, c'est-à-dire *en long,* une colline
qui domine, qui règne tout le long de la ville.

De tous ces exemples on peut conclure :
qu'il ne faut point que l'hypallage apporte de
l'obscurité ou de l'équivoque à la pensée.

7

ARTICLE XIX.

L'Onomatopée.

L'*onomatopée* est une figure par laquelle un mot imite le son naturel de ce qu'il signifie. On réduit sous cette figure les mots formés par imitation du son, comme *le glouglou de la bouteille; le cliquetis*, c'est-à-dire le bruit que font les boucliers, les épées, et les autres armes en se choquant : *tinnitus œris*, tintement ; c'est le son clair et aigu des métaux.

Il y a aussi plusieurs mots qui expriment le cri des animaux, comme *bêler,* qui se dit des brebis. *Baubari,* aboyer, se dit des gros chiens. *Latrare*, aboyer, hurler, c'est le mot générique. *Mutire*, parler entre les dents, murmurer, gronder, comme les chiens : *mu* canum est, unde *mutire*, dit Charisius.

ARTICLE XX.

Un même mot peut être doublement figuré.

Il est à observer que souvent un mot est doublement figuré ; c'est-à-dire qu'en un certain sens il appartient à un certain trope, et qu'en un autre sens il peut être rangé sous un autre trope. On peut avoir fait cette remarque dans quelques exemples que j'ai déjà rapportés.

Quand Virgile dit de Bytias, *pleno se proluit auro, auro* se prend d'abord pour la coupe; c'est une synecdoque de la matière pour la chose qui en est faite; ensuite la coupe se prend pour la liqueur qui était contenue dans cette coupe : c'est une métonymie du contenant pour le contenu.

Nota, marque, signe, se dit en général de tout ce qui sert à connaître ou remarquer quelque chose ; mais lorsque *nota* (*note*) se prend pour *dedecus,* marque d'infamie, tache dans la réputation, comme quand on dit d'un militaire, *il s'est enfui dans une telle occasion, c'est une note,* il y a une métaphore et une synecdoque dans cette façon de parler.

Il y a métaphore, puisque cette *note* n'est pas une marque réelle, ou un signe sensible qui soit sur la personne dont on parle : ce n'est que par comparaison qu'on se sert de ce mot ; on donne à *note* un sens spirituel et métaphorique.

Il y a synecdoque, puisque *note* est restreint à la signification particulière de *tache,* dedecus.

Lorsque, pour dire qu'il faut faire pénitence et réprimer ses passions, on dit qu'il *faut mortifier la chair,* c'est une expression figurée qui peut se rapporter à la synecdoque et à la métaphore. *Chair* ne se prend point alors dans le sens propre, ni dans toute son étendue ; il se prend pour le corps humain, et surtout pour

les passions, les sens : ainsi c'est une synecdoque; mais *mortifier* est un terme métaphorique : on veut dire qu'il faut éloigner de nous
toutes les délicatesses sensuelles, qu'il faut
punir notre corps, le sevrer de ce qui le flatte,
afin d'affaiblir la convoitise, les passions, les
soumettre à l'esprit, et, pour ainsi dire, les
faire mourir.

Le changement d'état par lequel un citoyen
romain perdait la liberté, ou allait en exil, ou
changeait de famille, s'appelait *capitis minutio,*
diminution de tête : c'est encore une expression métaphorique qui peut aussi être rap-
portée à la synecdoque. Je crois qu'en ces
occasions on peut s'épargner la peine d'une
exactitude trop recherchée, et qu'il suffit de
remarquer que l'expression est figurée, et de
la ranger sous l'espèce de trope auquel elle a le
plus de rapport.

FIN.

TABLE.

CHAPITRE V.

CHAPITRE VI.

CHAPITRE VII.

CHAPITRE VIII.

DEUXIÈME PARTIE.

CHAPITRE I.

CHAPITRE II.

CHAPITRE III.

CHAPITRE IV.

CHAPITRE V.

TROISIÈME PARTIE.

CHAPITRE I.

CHAPITRE II.

FIN DE LA TABLE.

J.

www.ingramcontent.com/pod-product-compliance
Lightning Source LLC
Chambersburg PA
CBHW072150270326
41931CB00010B/1947